往生際の日本史

人はいかに死を迎えてきたのか

小山聡子

春秋社

はじめに

往生際の良し悪し

中世の説話集『宇治拾遺物語《うじしゅういものがたり》』の「空入水《そらじゅすい》したる僧の事」は、往生するために桂川に身投げをすると宣言した聖《ひじり》の話である。身投げの話が巷に広まり、往生を見とどけようとした人々が多く集まった。ところが、いつまでたっても聖は身投げをしない。そしてあろうことか、川へザブンと入ったものの縄に足を引っかけ、真っ逆さまに落っこちて溺れかけたところを見物人の男に助けてもらい、そのまま陸へと走って逃げてしまった。集まった者たちは、逃げる聖めがけて石ころを投げつけたという。

なんとも人間味あふれる滑稽な話である。あくまでも、これは説話であり、歴史的事実を記録したものではない。そうではあるものの、人間の生への執着がおもしろおかしく、かつ鋭く語られており、興味をそそられる。

しばしば、往生際が良いとか、はたまた往生際が悪いなどという表現がされる。そもそも往生際とは、死に際のことである。潔く覚悟をして乱心せずに死を迎えることができれば往生際が良い、一方、諦めが悪く現世に執着してしまう場合には往生際が悪いということになるだろう。

結局のところ、われわれ人間にとって最も恐ろしいものは死である。これまでの長い歴史の中で、老いや病、死からなんとか逃れることはできないものかと求めてきた者たちは数多くいたものの、その夢を叶えることはできなかった。煩悩を抱える私たち人間にとっては、自身の死を潔く受け入れ、現世に執着しないことは非常に難しい。そもそも、往生際が悪いのが一般的な人間の姿なのだといってよいだろう。

穏やかな死を迎えるために

死への恐れから、医療は目覚ましく進歩し、平均寿命も飛躍的に延びている。しかし、医療の進歩は、とどのつまり、いずれ訪れる死を先延ばししているに過ぎない。死を回避することなどできないのだ。人間の寿命が延びたことで、かえって長期間にわたる苦痛がもたらされることも問題になっている。そのためか、近年では、あえて苦痛を伴う積極的な治療を望まず、病気の苦痛をやわらげ、QOL（生活の質）の向上を目的とする緩和ケアが注目されている。穏やかな死を求める風潮は強い。誰かが亡くなったとき、死顔が穏やかだったかどうかは、しばしば話題にのぼるところである。もし苦しまず死顔が穏やかであれば、天国や極楽に行けたのだと想像されるからであろう。これは、日本の前近代でも同様である。たとえば、古代の往生伝には、死の直前にすっかり病が治ったという、実際にはありえないような事例が頻出する。病が治ったのであれば、当然のことながら、苦しみもなく穏やかに息を引きとることになる。これが、往生した証の一つだと考えられたのである。

かつて、天台宗の僧、源信《げんしん》（九四二―一〇一七）は、多くの経典や中国の僧侶の著作を丹念に紐解き、阿弥陀仏のいる極楽浄土への往生を遂げるためにはどのようにしたらよいかを、『往生要集《おうじょうようしゅう》』としてまとめた。『往生要集』には、看護人の心得も記されており、病人の苦しみを取り除き、安らかな死を迎えさせるにはどうしたらよいか、ということについての先人たちの知恵が詰まっている。

私が専門にしている歴史学は、過去に起きた事柄を史料にもとづき明らかにするだけではなく、明らかにしたことをもとに、現代の諸問題について考えていく学問である。現代に生きる私たちは、『往生要集』や、過去の人間の生き方や死に方から何を学びとることができるだろうか。『往生要集』は、藤原道長をはじめとする平安貴族にも読まれ、その臨終のありように多大な影響をおよぼした。『往生要集』を読んだ貴族たちは、またはその内容を聞いた人々は、臨終のありようにこだわりを持ち、『往生要集』にのっとって理想的な死を迎えようと努めたのである。『往生要集』の臨終行儀《りんじゅうぎょうぎ》（臨終の作法）は、古代や中世にとどまらず、近世まで大きな影響をおよぼすことになる。

本書では、『往生要集』の臨終行儀について検討したうえで、貴族から庶民に至るまでの歴史上の人物の生き方と死に方について、さまざまな事例をみていきたい。その上で、先人たちの知恵から、現代に生きる私たちは、いかに生き、そしていかに死んでいくべきかを考えてみたい。

なお、本書では、個々の引用史料について、読みやすさを重視し、一部を除き現代語訳した上で示している。

往生際の日本史——人はいかに死を迎えてきたのか　目次

往生際の日本史——人はいかに死を迎えてきたのか

序　極楽往生の指南書『往生要集』

末法前夜

末法《まっぽう》到来への危機意識は、とりわけ一〇世紀後期頃から高まった。末法は、正法《しょうぼう》、像法《ぞうほう》とともに三時説《さんじせつ》と呼ばれる。三時説は、インドでは見られず、中国で成立した。日本で一般化した三時説とは、正法は釈迦滅後千年間で教えと修行と悟りが備わった時代のことであり、像法はその後の千年間で教えと修行があるものの悟りがない時代、末法は教えのみあり修行も悟りもない時代というものである。末法に入る年については、依拠する経典や釈迦の入滅をいつと見なすかさまざまだったので、諸説あったものの、天台宗の説である永承七年（一〇五二）入末法説が最も現実味をもって受けとめられた。ちなみに末法は一万年間であり、その後は教えもなくなる法滅《ほうめつ》の世となる。

末法の世になれば、正しい修行も悟りもなくなってしまう。そうなれば、苦の世界である六道《ろくどう》(1)を輪廻《りんね》し続けなくてはならず、そこから永遠に脱《ぬ》け出ることができなくな

（1）六道　天道《てんどう》・人道《にんどう》・阿修《あしゅ》羅道《らどう》・畜生道《ちくしょうどう》・餓鬼道《がきどう》・地獄《じごく》道《どう》。

る。
末法に対する危機感がつのるなか、慶滋保胤《よししげのやすたね》（?—一〇〇二）の手による往生伝『日本往生極楽記』や源信《げんしん》の『往生要集《おうじょうようしゅう》』が執筆された。

往生者の記録集『日本往生極楽記』

慶滋保胤は、文人貴族であり、詩文に長けていたことでも知られている。保胤の『日本往生極楽記』は、初稿は永観二年（九八四）であり、その後の加筆があると考えられる往生伝である。僧俗貴賤を含めた往生者四二名の日ごろの生活と信仰や臨終の様子、さらには往生したと考えられる根拠などが記録されている。往生者の記録をまとめることにより、極楽往生するにはどうしたらよいか、実践のためのサンプルにしようとしたと考えられる。保胤は、序文で、一切衆生《いっさいしゅじょう》(2)とともに「安楽国」、すなわち極楽浄土への往生を果たすために、往生者の記録を残すことにした、としている。

往生者の中には、念仏を唱えて往生したものばかりではなく、密教の行法によって往生した者も多数含まれている。念仏による西方《さいほう》極楽浄土ばかりではなく、金剛界曼《こんごうかいまん》茶羅《だら》や胎蔵界曼荼羅《たいぞうかいまんだら》中の阿弥陀仏の浄土へ往生したと考えられる伝も見られる。

ここで注目したいのは、古代における密教と浄土教の関係性である。従来、天台宗と真言宗の密教から後期の浄土教の隆盛へと論じる、いわゆる浄土教中心史観によっ

（2）一切衆生　すべての生きとし生けるもののこと。

て語られてきた。しかし近年、浄土教中心史観は、見直されてきている。
源信の師である良源《りょうげん》や、源信が確立したとされる平安浄土教は、決してそれまでの密教を払拭してはいない。彼らも、密教の行法を、自身の極楽往生や追善《ついぜん》のために修していた。平安浄土教は、密教と強く結びついていたのである。(3)

さらに、これまで阿弥陀浄土教というと、源信から法然へつながっていく顕教《けんぎょう》（文字や言葉によって分かりやすく説き示した教え）の阿弥陀浄土教を指すものと考えられてきたが、弥勒浄土教や十方浄土往生の信仰などもあった。実際のところ、『日本往生極楽記』には、顕教の阿弥陀信仰のみではなく、他の信仰も多く含まれている。(4)

極楽往生の指南書『往生要集』

『日本往生極楽記』から少し遅れて成立したのが、『往生要集』である。『往生要集』は、天台僧の源信が天台宗の総本山比叡山《ひえいざん》の横川《よかわ》で永観二年（九八四）一一月に撰述を開始し、翌寛和元年（九八五）四月に完成させた書物である。源信は、多くの経典や中国の僧の著作をもとに、極楽浄土へ往生する方法についてまとめたのである。

『往生要集』は、序文、大文第一「厭離穢土《おんりえど》」、大文第二「欣求浄土《ごんぐじょうど》」、大文第三「極楽の証拠」、大文第四「正修念仏《しょうじゅねんぶつ》」、大文第五「助念の方法」、大文第六「別時《べつじ》念仏」、大文第七「念仏の利益《りやく》」、大文第八「念仏の証拠」、大文第九「往生の諸行」、大文第

（3）苫米地誠一『平安期真言密教の研究――平安期の真言教学と密教浄土教』ノンブル社、二〇〇八年。冨島義幸「阿弥陀五尊の諸形式と中世仏教的世界観」『仏教芸術』二八〇、二〇〇五年。同『平等院鳳凰堂――現世と浄土のあいだ』吉川弘文館、二〇一〇年。同「平安時代の阿弥陀信仰と密教」『日本宗教文化史研究』二一―二、二〇一七年など。

（4）齋藤雅恵『密教における臨終行儀の展開』ノンブル社、二〇〇八年。

十「問答料簡《もんどうりょうけん》」の各章から構成されている。

大江健三郎の『ヒロシマ・ノート』（一九六五年）では、原爆を落とされた広島で人がバタバタと倒れて死んでいく様子について、「『往生要集』と、思う外《ほか》はございませんでした」とする雑誌の記事が引用されている。このように、『往生要集』といえば凄惨な地獄について書かれた書物であると考えられがちである。たしかに、『往生要集』の地獄に関する具体的な記述によって、それまで曖昧だった日本人の地獄観が鮮明なものとなったし、地獄絵や六道絵《ろくどうえ》が『往生要集』をもとに盛んに描かれるようになった。しかし、『往生要集』の地獄についての箇所はほんの一部であり、導入部分に過ぎない。あくまでも源信は、極楽に往生するためにはどうしたらよいか、その方法を示すことを目的として執筆したのである。

源信は、末法に生きる人間が阿弥陀仏にすがる必要があることを、『往生要集』で強調している。阿弥陀仏は、現世で悟りに至れない者の臨終時にも来迎《らいごう》し、極楽浄土へと導いてくれる。極楽往生できた者は、極楽浄土で阿弥陀仏の説法を聴き、悟りに至ることができるのである。それゆえ、末法の世に生まれ、悟りに至る能力が劣った人間でも、阿弥陀仏にすがれば、結局は成仏できるのである。源信は末法の世における阿弥陀信仰がいかに重要であるかを強調し、極楽往生するためにはどうしたらよいかを、『往生要集』としてまとめたのであった。要するに『往生要集』は、極楽往生を遂げるための指南書なのである。

重要なのは臨終間際

源信は、極楽往生を遂げるには、平生の念仏も重要であるが、特に臨終時の念仏が大事であるとした。『往生要集』「別時念仏」では、「臨終の一念は百年の業《ごう》よりも勝《まさ》る（臨終時の一回の念仏は、百年間の修行よりも勝っている）」とまで記しているほどである。ここでは、臨終の作法である臨終行儀について細かく書かれている。

まず、源信は、臨終のあるべき姿について、『中国本伝』を引用した『四分律刪繁《しぶんりつさんはん》補闕行事鈔《ふけつぎょうじしょう》』を引き、次のように述べている。

> 祇園精舎《ぎおんしょうじゃ》(5)の西北の角、日没するところに無常院をつくった。もし病人がいればその中で静かに寝かせる。およそ貪りの心を生じるものは、僧房の中の衣服や食器類、さまざまな道具を見ると、多くが執着の心をおこし、現世を厭悪《えんお》することがないので、別の場所に移らせることに決めたのである。この堂を無常院と名付け、来るものは非常に多く、生きて帰っていくものは一人か二人である。無常院に入ることにより、もっぱらに法を念ずるのである。その堂の中に一体の立像を置いた。金箔に塗り、面を西方に向ける。その像の右手は挙げ、左手には先が垂

（5）祇園精舎　波斯匿《はしのく》王の大臣、須達《しゅだつ》長者が釈迦のために施入《せにゅう》した寺院。

れて地に曳くほどの五色の細長い布をつなぎとめておく。病人の気持ちを落ち着かせるため、病人を像の後ろにおき、左手に布の先を握らせ、仏にしたがって浄土に往生するという思いをおこさせる。看病人は香をたき、華をまいて、病人を厳かに飾る。もしくは、大小便や嘔吐、唾をもよおしたとき、その都度それを取り除く。

阿弥陀仏のいる極楽浄土は、西方にあると経典に説かれている。それゆえ、阿弥陀仏像を西向きに置くよう、指示されているのである。ちなみに、こののちの箇所では、仏像を東に向けて病人をその前に置いてもよい、とされている。この場合には、阿弥陀仏像を病人と対面するかたちで病人の西側に置くことになる。さらに源信は、もし無常院のような別処がなければ、ただ病人の顔を極楽浄土のある西に向け、香をたいて華をまき、種々に念仏を勧めるか、または端正で荘厳な仏像を拝ませるとよい、という私見を述べている。

その上で源信は、善導《ぜんどう》の『観念法門《かんねんほうもん》』を引用して、臨終時には面を西に向け、集中して阿弥陀仏を観想し、絶えず南無阿弥陀仏と唱え、浄土に生まれるという想いと蓮華の台に乗った菩薩たちが迎えに来てくださるという想いを抱きなさい、としている。観想とは、観想念仏(6)のことである。念仏というと「南無阿弥陀仏」と口で唱える称《しょう》

(6) 観想念仏　仏の姿や浄土のさまを想い描くこと。

名念仏《みょうねんぶつ》が思い浮かべられがちであるが、源信は観想念仏により重きを置いていた。病人は死の前に来迎のさまを見たのであれば、すぐに看病人にそれを告げる必要があり、看病人はそれを記録する必要がある。もし病人が語ることができない状態であれば、病人に何を見たのか必ず何回も聞かなくてはならない。もし病人が罪の報いを受けて苦しむ姿を説いたのならば、すぐに病人のために念仏して懺悔し、必ず滅罪をする必要がある。

看病人の心得

源信は、病人のなすべきことばかりではなく、看病人のなすべきことについても説いている。たとえば、善導の『観念法門』をもとに、もし親族が看病する場合には、酒や肉、五種の臭みのある野菜を食べた者を看病人にすべきではない、とする。なぜならば、臭気により、病人が安定した心を失い、狂い死んで三悪道《さんあくどう》（畜生道・餓鬼道・地獄道）に堕ちてしまう可能性があるからだ、とする。

臨終時には心静かに集中して十念《じゅうねん》をする必要がある。源信は、十念にはいろいろな解釈があるものの、一心に十回、南無阿弥陀仏と称念することである、としている。道綽《どうしゃく》の『安楽集』を引用し、臨終時に十念するには日ごろから繰り返し積み重ねて習慣とする必要がある、としている。それぞれ同じ志をもった者とあらかじめ約束をし、臨終時には互いに教え励まし合って念仏をし、極楽に生まれようと願い、声に声をついで十念をさせる必要がある。

源信は、死の床に同席し、念仏を勧める者について、次のように死を迎える者へ声をかけることを勧めている。

あなたは、この年ごろ、この世の世俗の望みを捨ててひたすらに極楽往生するための念仏をしてきました。とりわけ、もとより目的としたことは、この臨終の十念です。今、すでに病床に臥しています。恐れてはいけません。目を閉じて合掌し、一心に誓いを立ててください。仏の相好《そうごう》（仏の体の各部の身体的特徴）以外に他の色を見てはいけません。仏のお声以外の声を聞いてはいけません。仏のお教え以外のことを説いてはいけません。往生以外のことを思ってはいけません。このようにして、ないし、命終《みょうじゅう》ののちに宝蓮華の台に座って阿弥陀仏の後ろに従い、聖衆《しょうじゅ》(7)に囲まれ十万億の仏の国土を過ぎていくあいだも、また先ほどの誓いと同じように他の境界に心を向けてはいけません。ただひたすらに、極楽浄土の七宝の池に着いたとき、はじめて目をあげて合掌し、阿弥陀仏の尊いお姿を見申し上げ、深遠な教えのお言葉を聴き、諸仏の功徳の香をかぎ、教えや観想によるしみじみとした悦びの味をなめ、海のように集まっている聖衆に頂礼し、普賢菩

（7）聖衆　仏の周囲にいる菩薩などのこと。

薩の誓いを悟ってそれを行なうとよいです。

さらに、臨終のその瞬間には、次のように声をかけよ、としている。

あなたは知っていますか。ただ今この時が、最後の時です。臨終時の一回の念仏は、百年の修行にも勝ります。もしこの瞬間を過ぎると、死後に生まれる所が決まるでしょう。今がまさしくその時なのです。当然のことながら、一心に念仏して、必ずや極楽浄土の八功徳《はっくどく》の池の中の、七宝の蓮台の上に往生するに違いありません。「仏の誓いには少しも間違いはありません。どうか仏よ、私を必ず救い摂ってください。南無阿弥陀仏」と念じなさい。あるいは、簡略にして「どうか仏よ、必ず救い摂ってください。南無阿弥陀仏」と念じなさい。

このように、看病人は、病人に最後の時であることを覚悟させ、この瞬間を逃すことなく集中して念仏するよう促す必要がある。臨終のその瞬間がいかに重要と考えられていたかがわかる。臨終時に乱心せずに集中して念仏を唱えるためには、日ごろからの念仏を習慣づける必要があるのである。

死の結社、二十五三昧会の結成

『往生要集』完成の翌年にあたる寛和二年（九八六）五月二三日、比叡山横川で、横川の僧二五名を基本構成員として二十五三昧会《にじゅうござんまいえ》が発足した。まず、二十五三昧会では、発足時である五月二三日付で二五人全員が連署《れんしょ》するかたちで発願文《ほつがんもん》が出された。発願文は、『二十五三昧式』中に引用されている。そこには、毎月一五日の夕べには念仏三昧を修して臨終の十念を祈ることや、臨終時には互いに助け合い励まし合って念仏に邁進すること、死後に極楽に往生したり悪道に堕ちたりしたら構成員にそのことを知らせることなどが書かれている。死後に告げる方法については、自力もしくは仏神の力により、夢なり現《うつつ》なりで知らせよ、とされている。

さらに、二十五三昧会では、寛和二年九月一五日に『横川《よかわ》首楞厳院《しゅりょうごんいん》二十五三昧《にじゅうござんまい》起《き》請《しょう》』が作成され、起請八箇条が定められている。五月の二十五三昧会発足から起請八箇条を定めた九月までに、新たに一〇人が入会した。この一〇人の中には、源信や花山法皇が含まれていたと考えられる。(8) 発願文と『横川首楞厳院二十五三昧起請』の双方に、『往生要集』の影響をうかがうことができる。

二十五三昧会の構成員の往生については、『楞厳院《りょうごんいん》二十五三昧《にじゅうござんまい》結衆《けっしゅう》過《か》去帳《こちょう》』（以下、『過去帳』と略す）として記録に残された。『往生要集』にも、臨終時に病人が目にしたものなどを記録せよとある。どうすれば極楽往生できるのか、のちの人のために往

（8）堀大慈「二十五三昧会と霊山院釈迦講」『日本名僧論集四 源信』吉川弘文館、一九八三年。速水侑『源信』（人物叢書）吉川弘文館、一九八八年。

生者の記録を残す必要があったのである。『過去帳』には、五一人の構成員の名が挙げられている。当初は二五人で始められたものの、次第にその趣旨に賛同した者が集い、増えていったのであった。

『日本往生極楽記』をはじめとする往生伝や『過去帳』では、大半の事例で、往生したと考えられる根拠が示されている。往生の証拠としては、臨終時や臨終ののちに、紫雲がたなびいたことや、光や異香があったこと、音楽が空から聞こえたことなどが挙げられている。いずれも、阿弥陀仏や諸菩薩が来迎したことを示す事柄である。これらのしるしがあれば、往生したと考えられたのである。

『往生要集』は宋で大絶賛された？

永延元年（九八七）、源信は九州に来航していた宋の僧、斉隠《さいいん》に『往生要集』を託して宋に送った。『往生要集』の末尾には、『往生要集』を遣宋した際に源信が斉隠に宛てて書いた手紙と、中国台州の貿易商、周文徳《しゅうぶんとく》からの源信宛の手紙が添えられている。

まず源信は、ある僧侶の夢に、毘沙門天が童子を連れて現れ、「『往生要集』を一度でも見、一度でも聞いた者は最高の悟りを得ることでしょう。世に広く流布させなさい」と告げたというエピソードを示し、現在の日本では極楽往生を志し法華経に帰依することが盛んである、と報告している。源信は、観念に備えるために『往生要集』を執筆したという。そして、執筆当初に「たとえ誹謗中傷する者がいても、たとえ称賛する者がいても、同じように私と一緒に極楽に生まれる因縁を結ぼう」と誓ったことを述べ、源信の師である良源が書いた『観音讃』、慶滋保胤の『日本往生極楽記』、源《みなもとの》為憲《ためのり》の『法華経賦』とともに『往生要集』を送る、としたためている。

斉隠に託された『往生要集』は、周文徳によって天台山国清寺《こくせいじ》に納められることになる。天台山国清寺は、中国の天台宗発祥の地である。天台山といえば、日本の天台宗の開祖である最澄も訪れ学んだ地である。源信にとっては、最澄が天台教学を学んだ国清寺に『往生要集』を納め、評価してもらうことには大変大きな意味があったことだろう。

周文徳は、源信宛の手紙の中で、『往生要集』が国清寺で非常に高い評価を得たことを強調している。『往生要集』を出家も在家も大変喜び、貴賤の者が帰依し、五百人あまりが浄財を国清寺に寄付したので、五〇間もの廊屋を飾り造った、としているのである。周文徳によると、柱や壁に絵を描き内外を飾り、供養し、礼拝し、仰ぎ見て讃えたのであった。

周文徳からの手紙を読んだ源信の喜びはいかばかりだっただろうか。憧れの天台山で非常に高い評価を得たというのである。周文徳からの手紙は、のちに日本で尾鰭を付けられて広められていくことになる。たとえば、大江佐国《おおえのすけくに》の『源信僧都伝』では源信の画像を得るために周文徳がわざわざ来朝した、とされている。さらに、鎮源《ちんげん》の『大日本国法華経験記』では、「大唐の皇帝」が廟堂を建立し源信の「影像」と『往生要集』を安置し、「円通大師号」という大師号を授けて恭敬礼拝した、とされている。

ところが、国清寺に『往生要集』が収められたことは史実であるが、天台山で大いに評価されたというのは虚飾であった。延久四年（一〇七二）に入宋した成尋《じょうじん》は、『往生要集』や『源信僧都伝』を持っていったものの、地方諸寺はもちろんのこと、国清寺にさえ『往生要集』は流布していないことを知り、日本で聞くところとはまったく異なっていると驚いたのであった（『参天台五台山記《さんてんだいごだいさんき》』）。

国清寺（著者撮影）

結局のところ、宋で広範な帰依を集めたというのは、誇大な賛辞に過ぎなかった。けれども、日本ではこの賛辞を真に受け、源信および『往生要集』の名声は、貴族社会および仏教界を中心に轟いたのである。もし、周文徳の〝やさしい嘘〟がなければ、『往生要集』はこれほどまでには読まれなかったはずである。なんとも皮肉なことである。この点は、残念ながら現代の日本とあまり変わらない。

広まる臨終行儀

『往生要集』以前に成立した『日本往生極楽記』にも臨終行儀は見られるので、『往生要集』以前にも臨終行儀は行なわれていたのであろう。ただし、臨終行儀が広く周知されるようになったのは、源信による『往生要集』執筆後のことである。

『往生要集』の臨終行儀は、貴族社会にも大きな影響を及ぼした。たとえば、藤原《ふじわらの》行成《ゆきなり》の日記『権記《ごんき》』寛弘二年（一〇〇五）九月一七日条によると、藤原道長は、手元にある『往生要集』をもとに、能書家の行成に写本を作ってもらっている。道長は、臨終時に『往生要集』を意識していた形跡がある。これは、道長のみではない。貴族の日記には、臨終正念《りんじゅうしょうねん》(9)にこだわるさまがしばしば記録されているのである。

さらに、『往生要集』は天台宗以外の宗派にも大きな影響を及ぼしていくことになる。たとえば、興福寺で法相宗と真言宗を兼学した湛秀《たんしゅう》（一〇六七―一一二二）は、

（9）臨終正念　臨終時に心を乱さず極楽往生を願い念仏をすること。

『臨終行儀注記』を執筆している。『臨終行儀注記』は、『往生要集』を引用しており、その影響を大いに受けている。ただし、『臨終行儀注記』では、兜率天《とそってん》往生(10)についても触れられているし、臨終正念のための仏菩薩として、釈迦如来、阿弥陀仏、弥勒菩薩、薬師如来、普賢菩薩、文殊菩薩、地蔵菩薩、虚空蔵菩薩、不空羂索観音、千手観音、十一面観音、不動明王が挙げられている。『往生要集』を参考にしつつも、湛秀の信仰に引き寄せて著されているといえるだろう。

湛秀と親交のあった中川実範《なかがわじっぱん》（一〇八八？―一一四四）も、法相宗と真言宗を兼学し、その立場から『往生要集』の影響を受けながら『病中修行記』を著している。『病中修行記』には、「殊に不動尊を念じて臨終を祈るべき事」という項目がある。『往生要集』の影響を受けつつも、密教の要素が非常に強いといえよう。

さらに、真言僧の覚鑁《かくばん》（一〇九五―一一四三）は、『病中修行記』を引用しながら、『一期大要秘密集《いちごだいようひみつしゅう》』をまとめている。こちらの書も真言宗の要素が強く、即身成仏(11)の立場から著されている。ここでは、特定の本尊を指定してはいないものの、善知識《ぜんちしき》(12)のうちの一人は、不動明王の呪文である慈救呪《じくじゅ》を誦すことになっている。臨終に際しては、不動明王からの加護が不可欠と考えられたためであろう。不動明王は臨終正念を妨げる悪鬼や邪神を除くことを期待されていた。不動明王の加護があってこそ、極楽往生できると考えられたのである。不動明王についての言及は、『往生要集』には見

(10) **兜率天往生**　弥勒菩薩が住し説法をしている兜率天に往生すること。

(11) **即身成仏**　現世で生を受けたこの身のまま仏となること。

(12) **善知識**　往生のために手助けをする僧。

られない。これは、真言宗における臨終行儀の特徴の一つである[13]。

のちに浄土宗の開祖とされる法然は、『往生要集』の注釈書を著すなどその影響を大いに受けていたものの、六〇歳以降には、臨終行儀は不要だと説いた。しかし、法然の弟子の中には臨終行儀を重視するものも多く、法然の伝記絵巻『四十八巻伝《しじゅうはちかんでん》』(『法然上人行状絵図《ほうねんしょうにんぎょうじょうえず》』)には、臨終行儀をして往生した門弟が多く描かれている。門弟の中には、臨終行儀書を著すものまででてくることになる。

『往生要集』の直接的な影響がない臨終行儀も行なわれていた。たとえば、中世における日蓮系の臨終行儀がそれである。日蓮(一二二二―一二八二)は、臨終時を重視し、法華経の題目を一回唱えれば成仏が可能だと考えていた(「妙法尼御前御返事」)。日蓮系に属さなくても、法華経信仰者には、臨終時に題目を唱える者が多い。

臨終行儀を重視する風潮は、都のみではなく、それ以外の地でもあった。たとえば、天永二年(一一一一)以降間もなくして三善為康《みよしためやす》によって撰述された『拾遺往生伝《しゅういおうじょうでん》』には、肥後国《ひごのくに》の人や、備中国《びっちゅうのくに》の吉備津宮《きびつのみや》の神人《じにん》[14]、鎮西《ちんぜい》安楽寺の住僧なども正念を保ち往生したことが記録されている。『拾遺往生伝』は、必ずしも歴史的事実を記録した史料として見なすことはできない。そうではあるものの、そこからは、臨終行儀により極楽へ往生しようと試みる者たちが、都のみではなくさまざまな地域にもいたことを示そうとする意図を汲み取ることができる。

(13) 齋藤雅恵『密教における臨終行儀の展開』ノンブル社、二〇〇八年。

(14) 神人　神社に奉仕する下級の神職や寄人のこと。

横川の恵心堂（著者撮影）

実際のところ、鎌倉幕府の歴史書『吾《あ》妻鏡《づまかがみ》』にも、鎌倉の由比ヶ浜の漁師が臨終正念で亡くなり、源頼朝が感動して白米を下賜したことが見える（第五章参照）。さらに、金沢文庫（神奈川県横浜市）には、東寺三十六代長者範俊《はんじゅん》（一〇三八—一一一二）による『不動臨終正念法』の中世前期の写本が複数所蔵されている。金沢文庫は、建治元年（一二七五）頃、金沢流北条氏の北条実時《ほうじょうさねとき》（金沢実時とも）が創設した文庫である。文庫には、実時やその子孫らが収集した、文学や歴史、仏教などにかかわる史料が収められた。現在の金沢文庫には、金沢流北条氏の金沢文庫と一族の菩提寺である称名寺《しょうみょうじ》に伝来した史料が収蔵されている。金沢文庫所蔵『不動臨終正念法』

は、東国の武士のあいだでも臨終行儀が重視されていたことを物語っている。

これまでの歴史の中で、これほどまでに臨終のありかたが重んじられてきた理由とはどのようなことなのだろうか。そのことを探るべく、以下、『日本往生極楽記』に出てくる尼からアジア・太平洋戦争の戦死者までの往生際についてみていきたい。

第一部

臨終行儀のはじまり　古代編

1. 阿弥陀仏に裏切られ――『日本往生極楽記』の尼

阿弥陀仏に帰られてしまった尼さん

文人貴族の慶滋保胤《よししげのやすたね》（?―一〇〇二）は、『日本往生極楽記』の序文で、唐の迦才《かざい》の『浄土論』や同じく唐の文諗《もんしん》・少康《しょうこう》の共編『往生西方浄土瑞応刪伝《おうじょうさいほうじょうどずいおうさんでん》』に感銘を受けたことをきっかけに、わが国の歴史や諸々の人の別伝を調べたり、さらには古老を訪ねたりして四〇余人の伝を得た、としている。『日本往生極楽記』は、聖徳太子の伝から始まり、加賀国《かがのくに》に住む婦女の伝までの四二の伝から成っている。これらの往生伝では、生前の人となりや、信仰のありよう、臨終の様子、臨終時の奇瑞《きずい》や死後の不可思議な出来事が書かれる傾向にある。奇瑞とは、往生できたことを示す不可思議なしるしのことであり、紫雲《しうん》や光、異香《いこう》、音楽などがある。臨終時にこのような奇瑞があれば、阿弥陀仏の来迎《らいごう》があった証拠であると考えられたのである。また、奇瑞が記されなくても、穏やかに息を引き取ったことが強調されたり、往生したことを夢に見たものがいることが書きとどめられたりしている。

『日本往生極楽記』は往生伝であるから、当然のことながら、往生に成功した事例が集められている。ただし、四二個ある伝の中には、往生に失敗しかけた尼の伝もある。その内容は次のとおりである。

尼某甲《それかし》は、大僧都寛忠《かんちゅう》の姉である。一生涯結婚することはなく、仏門に入った。寛忠僧都は、寺の近くに姉を住まわせ、常に大切に面倒をみていた。その尼は、高齢になり衰えると、ひたすらに阿弥陀仏を念じた。そしてあるとき尼は、弟の僧都に、「明後日に極楽浄土に詣ることになるでしょう。このあいだ、不断念仏《ふだん》(1)を行ないたいと思います」と告げたのである。そこで寛忠は、大勢の僧侶たちに三日三晩、念仏三昧を行なわせた。すると、尼は再び寛忠に「西方《さいほう》から宝の輿が飛んできて目の前にあります。ただし仏と菩薩は濁穢《じょくえ》があることを理由に帰ってしまいました」と言いながら涙を流した。そこで寛忠に諷誦《ふじゅ》(2)を二回にわたり行なわせた。翌日、尼は「聖衆《しょうじゅ》が再び来ました。私の往生の時がきたのです」といい、ひじかけに寄りかかって座り、念仏をして入滅したのであった。

(1) 不断念仏　ある決められた日時に、もしくは昼夜間断なく念仏を唱えること。

(2) 諷誦　経文もしくは偈頌を、声をあげて読むこと。

寛忠（九〇六―九七七）は、真言僧であり、安和二年（九六九）には東寺長者《とうじちょうじゃ》(3)にまで昇りつめた人物である。寛忠とその姉の尼は、宇多天皇の孫、兵部卿《ひょうぶきょう》敦固親王《あつかたしんのう》の子である。

この伝によると、阿弥陀仏は、一度は尼のもとに来迎したものの、「濁穢」があったので、一緒に来た菩薩とともに帰ってしまったことになる。「濁穢」は、寛忠の諷誦によって解消されたのだろう。それによって翌日、「聖衆」が来迎し、めでたく往生できたという伝である。「聖衆」とは、仏の周囲にいる菩薩などを指す。要するに、阿弥陀仏は、一度目の来迎のときには来たものの、二度目の来迎のときには来ず、使者を遣わしたのである。「濁穢」がよほど嫌だったのだろう。「濁穢」が具体的に何を指すのかはわからない。臨終時には沐浴をしたり浄衣に着替えたり塵をはらったりすることが多かったので、尼、もしくはその周辺が十分に清浄な状態ではなかったのかもしれない。

「草穢」に苦しんだ入道上人

阿弥陀仏を熱心に信仰していてもなかなか往生できなかったとされたのは、『日本往生極楽記』の尼だけではない。たとえば、三善為康《みよしためやす》著『拾遺往生伝《しゅういおうじょうでん》』（一一三二

（3）東寺長者　東寺の長官。寛忠のときには四人の長者がいた。

年）の、肥前国《ひぜんのくに》の小松寺に住む入道上人《しょうにん》の伝をみていきたい。

伝によると、ある人が、ひたすら二〇年以上も姿勢を正して座り念仏をしていた入道上人のもとを訪ねたという。戸を開き見てみると、なんと上人が手に定印《じょういん》（4）を結んで西向きに座っていた。西は、極楽浄土がある方角である。多くの人が見に来たが、一〇日以上過ぎても、相貌はまったく変わらない。そこで、入定《にゅうじょう》（5）したのだろうと考え、棺を作りそのまま埋めた。その年が過ぎた頃、師僧が夢を見た。その夢の内容とは次のとおりである。

夢に出てきた入道上人は、「私の棺を覆っている草穢《そうえ》を早くどけて、厚く埋めないでください。この場所に、ときどき天人が降臨して聖衆がいらっしゃいます。けれども、自分の居場所がけがらわしく草で埋まっているので、蒙霧《もうむ》がなくなりません。それゆえ、示し告げるのであります」と訴えかけた。

「蒙霧」には、心中の苦しみや悩みという意味のほか、立ち込める霧という意味がある。前者の場合には、けがらわしい場所にいるので心中の苦しみが晴れず往生できないということになるし、後者の意味であるのならば、草で埋もれてしまい天人や聖衆に導いてもらえないとも読める。ただし、もし心中に悩みなどがあれば、そもそも天

（4）**定印**　定に入ったこと（心が散乱せず、不動の状態に入ったこと）を示す印。

（5）**入定**　高僧の死のこと。

人や聖衆は迎えに来ないはずであるし、「草」ではなくあえて「草穢」とされているので、後者の解釈が妥当だろう。

夢を見た師僧は、妄想だろうと考え放置していたが、翌年にまた同じ夢想があったので、驚いて墓を開けて棺を開くと、「塵埃《じんあい》」で埋もれていたという。「塵埃」を払って中を見たところ、入道上人の遺体は腐乱することなく結んだ定印もそのままであった、とされている。

入道上人が結んだ定印は、おそらく阿弥陀の定印なのであろう。阿弥陀の定印は密教独自のものである。したがって入道上人は、密教の行法により往生したことになる。ただしこの伝では、天人や聖衆が迎えに来たとされている。一方、密教の曼荼羅の中にある極楽浄土に往生する場合、『略出念誦経《りゃくしゅつねんじゅきょう》』に説かれる金剛界五仏中の阿弥陀仏の座である孔雀が迎えにくることが多い(6)。したがって、入道上人が密教の曼荼羅の中にある極楽浄土に往生したとする伝だと断定することはできず、顕教《けんぎょう》の西方極楽浄土に往生した伝だという可能性も十分にあるだろう。

それにしても、二〇年以上も威儀を正して念仏に励んでいたにもかかわらず、棺の上の「草穢」ごときが原因でなかなか往生できないとはどうしたことだろうか。『日本往生極楽記』の尼の伝や、この伝を読むかぎり、極楽往生は一筋縄では遂げることができないと考えられていたことになるだろう。極楽往生を遂げるには、日ごろから

(6) 苫米地誠一「往生伝と密教浄土教」『平安期真言密教の研究―平安期の真言教学と密教浄土教』ノンブル社、二〇〇八年。

の念仏や臨終正念だけでは十分ではなく、清潔であることも重要な条件だったことになる。

慈悲深い阿弥陀仏

厚く信仰されていたはずの阿弥陀仏、意外と薄情ではないか。ところが、実は経典には、阿弥陀仏はいくら念仏をしても穢れがあると来迎してくれないなどとは一切書かれていない。『往生要集』でも、そのようなことはまったく述べられていない。それどころか、『往生要集』「極楽の証拠」では、中国の天台大師、智顗《ちぎ》の『浄土十疑論』を引用しながら次のように記されているのである。

阿弥陀仏には広大な慈悲あふれる四十八の誓願(7)があり、衆生を救済される。阿弥陀仏の光明は全宇宙の仏を念ずる人々を照らして救いとり、お捨てにならない。さらに、ガンジス河の砂のように多くの仏たちも、あらゆる世界にわたって教えを述べ、阿弥陀仏を念じその大慈悲の本願力にすがる者は誰でも必ず極楽浄土に生まれることができるということを証明している。また、『無量寿経』には、「末法の時代が過ぎてのちも、この経だけを留め、百年間この世に残し、衆生を救いとって極楽浄土にうまれさせよう」とある。だから、阿弥陀仏とこの世の極悪の

(7) **四十八の誓願** 阿弥陀仏が成仏する前、すなわち法蔵菩薩として修行していたときに立てた四十八個の誓願のこと。『無量寿経』には、法蔵菩薩が、仏となった暁には必ず願い通りにならなければ仏にはならないと誓って、その願を成就して仏になった、ということが記されている。

衆生とは、深い因縁があるということがわかる。

要するに阿弥陀仏は、広大な慈悲のもと、念仏をして誓願による力にすがる者を決して見放さない、と強調されている。さらに、末法の時代ののちの法滅という、仏教の教えすらない時代に至っても、阿弥陀仏は衆生を往生させてくれるということである。

『往生要集』「別時念仏」には、「尋常の別行」と「臨終の行儀」が分けて記されている。「尋常の別行」とは、臨終行儀に対して、平生《へいぜい》のときに行なう念仏修行のことである。善導の『観念法文』を引用し、三昧の道場に入ろうとするときには、道場を整理して、尊像を安置し、「香湯」によって洗い清めよ、されている。さらに、九〇日のあいだ、阿弥陀仏像の周りを右回りに不眠不休で歩き続ける常行三昧をするときには、沐浴をして身を清め、用便ののちには衣服を着替えよ、とされている。源信は、『観念法文』からあえてこの箇所を引用しているのだから、平生に念仏をするときには清浄である必要があると考えていたのだろう。

しかし、「臨終の行儀」には、沐浴や浄衣への着替えなどの記述は一切ない。少なくとも『往生要集』では、阿弥陀仏の来迎を得るには臨終時に清浄であることが必要だとはまったく書かれていないのである。

不安が生みだした経典と実際の信仰とのギャップ

このように、経典でも、さらにはそれをもとにまとめられた『往生要集』でも、阿弥陀仏の衆生救済の力が絶大であることが強調されている。結局のところ、経典や『往生要集』の阿弥陀仏と往生伝の阿弥陀仏は、大きく異なっていることになるだろう。なぜ往生伝には、「濁穢」があったために阿弥陀仏が帰ってしまった伝や、「草穢」に覆われているために近くにきている聖衆が導いてくれない伝が収録されているのだろうか。これでは、阿弥陀仏は頼りない仏であるとも読めてしまうではないか。

実は、経典や『往生要集』と、実際の信仰のあいだにはギャップがあったと考えられる。末法への恐怖が叫ばれるなか、阿弥陀信仰は隆盛に赴いた。たとえ末法の世に生を享けてしまったとしても、阿弥陀仏にすがりさえすれば六道《ろくどう》から脱し成仏できる、と思う人間が非常に多かったからである。しかし、それとともに、本当に阿弥陀仏は来迎してくれるのだろうか、念仏や臨終行儀をすれば極楽浄土へ導いてくれるのだろうか、という不安も非常に大きかったのである。だからこそ、『日本往生極楽記』をはじめとする往生伝には、往生の証拠となる奇瑞の詳細が書き込まれる必要があったのである。『日本往生極楽記』には、伝の内容に疑いを持ってはいけない、と明記されている。保胤は、疑いを持ちそうな人間が少なからずいたからこそ、このように書かざるをえなかったのだろう。

阿弥陀信仰が隆盛におもむくのと同時に、往生の可否への不安も高まっていったのだと考えられる。それによって、経典には、念仏をして本願力にすがる者は決して見放されない、とされているにもかかわらず、「濁穢」を嫌う阿弥陀仏や「草穢」に妨げられて導けない聖衆が語られるようになったのだろう。『日本往生極楽記』の尼も、「濁穢」が諷誦によって解消したのちには、聖衆に来迎してもらえているので、結局は極楽往生できたことになる。『拾遺往生伝』の入道上人も、棺の上の「塵埃」を掃除してもらったあとには往生できたのだろう。だからこそ往生伝にこの話が入っているのである。

ただし、そうではあるものの、いくら信心深く念仏をしても、容易には極楽往生できないと考えられていた。そもそも、唐の唐臨《とうりん》によって七世紀に著された説話集『冥《めい》報記《ほうき》』(8)にも、普賢菩薩が不浄の場に救済に訪れなかった話がある。つまりは、仏菩薩が穢れを嫌うと考えられたのは、日本のみではないのである。

このように仏菩薩は、経典の記述はともかくとして、しばしば穢れを嫌うと考えられていた。末法の不安に怯える人々は、阿弥陀仏を末法の世にふさわしい仏として位置づけ、絶対的救済力を持つ仏として自らの後世を阿弥陀仏に託していた、と考えられがちである。しかし、実際には必ずしもそうではない。末法が深刻な問題として意識され、往生の方法が真剣に模索されるなか、阿弥陀信仰が高まれば高まるほど、阿

(8)『冥報記』 のちに日本に伝来し、『日本霊異記』や『今昔物語集』に主要な翻案典拠として引かれることになる。

弥陀仏の救済力への疑念が生じ、往生への不安は増していったのである。不可視のものを心から信じきることは、人間にとって非常に難しい。信じつつも、または信じるべきであると思いつつも、多少の疑いの心を抱いてしまうのが、人間というものなのではないだろうか。

2．欠かせぬ鼻毛の手入れ――源信

往生への周到な準備

末法《まっぽう》の世に生を享けた人間でも、どうすれば六道輪廻《ろくどうりんね》を脱し、成仏できるかを追究した源信《げんしん》（九四二―一〇一七）。その著作『往生要集』では、多くの経典を引用しながら、極楽へ往生するための方法が具体的に示されている。『往生要集』を書いた源信自身の臨終とはどのようなものだったのだろうか。

源信の臨終については、まず『楞厳院《りょうごんいん》二十五三昧《にじゅうござんまい》結衆《けっしゅう》過去帳《かこちょう》』（以下、『過去帳』と略す）に記録されている。これは、その名のとおり、比叡山《ひえいざん》横川《よかわ》の楞厳院で催された二十五三昧会《にじゅうござんまいえ》の構成員の過去帳である。

『過去帳』によると、源信は、長和年間（一〇一二―一〇一七）に病に倒れ、起き上がることもままならない状態になったものの、心を乱さず念仏し続けていたという。ところが、寛仁元年（一〇一七）五月中旬、なんとさまざまな苦痛がことごとく平癒したというのである。六月五日には、夢の中に一人の僧が現れ、源信に正念《しょうねん》を保たせるためにやってきたと告げたので、夢から覚めた源信は臨終の相かと思った。そして、同月九日早朝の記録の概要は次のとおりである。

死期を悟った源信は、糸を阿弥陀仏像の手につけ、もう片方の端を自分の手にとった。そして、二つの偈《げ》(1)を選び、自ら誦して人々にもそのようにさせたのであった。一つ目は『華厳経《けごんきょう》』の偈、二つ目は『往生礼讃偈《おうじょうらいさんげ》』の偈であり、二つとも阿弥陀仏の相好を称賛したものとなっている。さらに源信は、「南無西方極楽世界、微妙浄土、大慈大悲阿弥陀仏」と唱え、阿弥陀仏に礼拝し、糸を仏前に置いたのであった。その後、平常のように食事をとり、周囲の人にも食べるように勧め、食べ終わると「私の顔色を見たところ、罪悪による見苦しい死にざまを免れていますか、免れていませんか?」と尋ねた。尋ねられた人々は、「身に苦痛はなく、お顔の色はいつものようです。見苦しい死の相はありません」と答えた。それを聞いた源信は、すぐに「そうか」と答えたということだ。

『過去帳』によると源信は、その後、住居の掃除をし、身衣の垢染を洗浄し、何かと用心しているようであったという。

(1) 偈　経典中で、詩句の形式をとって仏の徳の讃嘆や教理を述べたもの。

苦しんで死ぬのはダメ

源信は、その翌日に入滅することになる。それにしても、亡くなる前に身の苦しみが完全に平癒し、顔色も常日頃と変わらないなどということは一般的には考えにくい。当然のことながら、この箇所は、そのまま史実として受けとることはできない。

ただし、死ぬ直前における病気の全快や病が軽度であることを強調することは、しばしば往生伝に見えるところである。たとえば、『日本往生極楽記』の延暦寺沙門の真覚《しんがく》は「微《すこし》き病」、光孝天皇の孫にあたる尼某甲《それかし》も「小病」により入滅した、とされている。さらに、『日本往生極楽記』の高階真人良臣《たかしなのまひとよしおみ》は、病になったものの、死の三日前に平復したとされており、『拾遺往生伝』の寂禅《じゃくぜん》も、死の当日に病が治り、爽やかな心地となったとされている。

あえてこのような不自然なことが記された理由は、もし病が重く身の苦痛に呻きながら死んだと記録してしまえば、往生が疑われるからだろう。序章で述べたように、極楽往生するには、正念を保つ必要がある。苦痛が甚だしければ正念であることは、困難となる。『往生要集』では、臨終時には正念を失い、心がかき乱されると三悪道（地獄道・餓鬼道・畜生道）に堕ちるとされているのである。

部屋の掃除も大事

また、死の直前に掃除をしたというのも、にわかには信じがたい。ただし、このように書き伝えられたのは源信のみではない。たとえば、『日本往生極楽記』の延暦寺座主《ざす》増命《ぞうみょう》も部屋を水拭きしたとされているし、『過去帳』の聖念阿闍梨《しょうねんあじゃり》（聖金）も死の二日前に「住房」を掃除させた、とされている。極楽往生を遂げるためには、部屋の掃除も大事だったのである。

死の直前における部屋の掃除は、雑念に惑わされずに臨終正念を行なうためであるとともに、阿弥陀仏の来迎《らいごう》を確実に得るためでもあったのだろう。なぜならば、第一章で紹介した『日本往生極楽記』の尼は、「濁穢《じょくえ》」によって阿弥陀仏に帰られてしまった、とされているからである。要するに、阿弥陀仏は穢れがあると極楽浄土に導いてくれない、と考えられていた。源信は、部屋が塵や埃で汚れていれば、極楽往生の支障になると考えたのであろう。「事《こと》に触れて用心あるに似たり」とされているように、念には念を入れて、極楽往生の準備をしたのであった。

鼻毛を抜いて極楽往生を

次に、いよいよ入滅の日となる六月一〇日を見ていきたい。

朝、源信はいつものように食事をとり、すぐに鼻毛を抜いて身と口を浄めた、ということである。仏の手の糸を自らの手にとって念仏したのちは、まるで眠っているかのような状態であった。世話をする者は近くにいたけれども、ただ休息しているのだと思って気にとめなかったほどである。世話の者が、しばらくして何も音がないので源信の様子をうかがうと、北枕で西を向き、右脇を下にして臥していた。顔色はうるわしく、面はわらっているかのようであり、手には仏の糸と念珠をとり、合わせた手は、少しだけずれていた。

いつものように食事をとったことは、死の直前であっても、身に苦痛がなかったことを示している。鼻毛を抜き、身と口を浄めたのは、臨終の準備のためにほかならない。前日の九日にも、臨終の準備として、身と衣の垢染を洗浄した、と記録されている。極楽往生のためには、身やその周囲を徹底的に清浄にしておく必要があると考えられていたことになる。

身や衣が汚いと集中して念仏を唱えられない。その上、阿弥陀仏は臨終正念さえしていれば来迎してくれるのではない。阿弥陀仏は不浄な者を嫌う。汚い部屋、垢まみれの体の者のもとには、来迎してくれない。源信は、汚い鼻毛さえも往生の障害になると考えたのだろう。往生の障害になりそうなものを、とにもかくにも念入りに取り

『恵心僧都絵詞伝』の源信の臨終場面

除こうとしたことが、記録されているのである。現存する往生伝の中で、死の直前に鼻毛まで抜いたとされるのは、さすがに源信のみであるが、沐浴をしたり衣を清浄にしたりする事例は多数確認できる。往生を遂げるには、清浄であるよう細心の注意が必要だと考えられたからだろう。

たとえば、『日本往生極楽記』の律師、隆海《りゅうかい》は死期を悟ってからというもの、毎日沐浴をして念仏をしたとされており、石山寺の僧真頼《しんらい》は入滅の日に最後の力をふり絞り沐浴をして西に向かって息絶えた、とされている。今にも力尽きようとしている状態での沐浴は、わずかに残された体力を奪い、死期を早めることだろう。しかし、そうではあっても、どうしても往生のためには沐浴が必要と考えられたのだろう。沙弥薬蓮《やくれん》も、翌日に極楽往生するだろうことを告げ、衣裳を洗いすすぎ、沐浴しようと思うといった、とされている。さらに、『続本朝往生伝』の藤原頼宗《ふじわらのよりむね》や小槻兼任《おづきのかねとう》も、死の直前に沐浴潔斎《けっさい》している。このような事例は、枚挙にいとまがない。

ちなみに、このようなことは往生伝のみに記されているのではない。後述する藤原道長も、藤原実資《ふじわらのさねすけ》の日記『小右記《しょうゆうき》』によると、瀕死の状態で沐浴し、念仏をしているのである。この点に関しては、往生伝の記述はあながち誇張ではないのだろう。

臨終正念のみでは往生を遂げられないのではないかという強い不安が蔓延していた。『往生要集』で阿弥陀仏の大きな慈悲を強調していた源信でさえ、そうだった形跡がある。

極楽往生の証拠は「夢」

本当に極楽往生できるのだろうか。そのような往生への不安により、たしかに往生できるという証拠が求められるようになる。たとえば『過去帳』では、源信が往生できたと考えられる理由について記されている。

それによると、源信の弟子の能救《のうぐ》が、六月一〇日の寅の刻に源信が旅立とうとする夢を見た、とされている。夢によると、源信の左右には何人かの僧が立ち並び、美しい四人の童子が僧と並んでいた。この様子は、比叡山横川の迎講《むかえこう》の儀式に似ていたとされている。迎講とは、阿弥陀仏や観音菩薩、勢至菩薩らが衆生のもとへきて極楽浄土へと導くさまを演じる法会のことである。要するに、夢にでてきた僧や童子は、阿弥陀仏の使者として源信のもとに来迎したことになる。僧や童子は、整列し終わると西に向かって歩き出し、やがて地上を離れて空を踏み、「超度三界《ちょうどさんがい》、超度三界」(2)と唱えながら、極楽浄土がある西へと向かい去っていった、とされている。

能救は、夢から覚めたのち、このことを法救という僧侶と賢妙《けんみょう》という尼に語り、もしかして源信は入滅したのだろうかと話した。すると一八日、横川の僧が源信入滅の知らせを伝えてきたので、夢想は本当だったのだと驚いたのであった、と記録されている。

また、源信の往生については能救の他にも夢に見た者がいたという。それは、源信の弟子の僧である。入滅後に源信が往生できたかどうかを知りたいと数か月祈っていたところ、夢に源信が現れたのである。その夢で源信は、往生を遂げはしたものの、阿弥陀仏を取り囲む大勢の聖衆《しょうじゅ》の外側にいると告げたのであった。この夢を見た僧侶は、源信が生前、己の分際を考えれば、極楽浄土の中でも上品《じょうぼん》に往生するなどと

(2) 超度三界　生死流転する迷いの世界である欲界《よくかい》、色界《しきかい》、無色界《むしきかい》の三界を超えて仏界に渡る、ということ。

いうのは高望みだ、と話していたことを思い出した。極楽浄土は、上品、中品《ちゅうぼん》、下《げ》品《ぼん》の三つに分かれており、さらにそれらは上生《じょうしょう》、中生《ちゅうしょう》、下生《げしょう》に分かれている、と経典に説かれている。夢を見た僧は、かつての源信の言葉を思い起こし、下品に往生したのだろうかと解釈したのであった。

このように、源信が往生した証拠として、二人の人物が見た夢が示されている。夢は、死者と生者のあいだの交感手段であった。実際のところ、二十五三昧会の発願文には、死後の行き先について生存中の構成員に報告する必要があり、その手段の一つとして夢が挙げられている。源信は、二十五三昧会の規則にのっとり、夢によって自身の極楽往生を報告したことになる。源信が生きた時代には、死者は夢によって生者にお告げや要求をするものであった。

たとえば、藤原実資は、夢で、兄の故藤原懐平《ふじわらのかねひら》（九五三—一〇一七）から、故藤《ふじ》原公業《わらのきんなり》（?—一〇二八）の食べ物がないから功徳《くどく》の物を与えるようにと告げられた。実資は、公業が餓鬼道に堕ちてしまったのだろうかと憐れみ、施餓鬼法《せがきほう》を七日間にわたって行ない、この夢想を公業の縁者にも告げている。その後、藤原為資が夢で公業が餓鬼道に堕ちているのを見たと実資に伝えている。為資によると、実資が施餓鬼法を修したことについて、「穴宇礼之《あなうれし》、穴宇礼之（ああ嬉しい、ああ嬉しい）」と感謝していたという。(3) 夢は、現代よりも、よりリアリティをもって受けとめられていたので

（3）『小右記』長元五年（一〇三二）一二月九日条・二〇日条より。

ある。

怠慢な人は往生できない

さて、夢によって源信が極楽浄土の下品に往生したことを知った僧は、源信に対して自分自身の往生の可否について尋ねている。その会話とは次のようなものである。

僧「私は極楽浄土に往生できるでしょうか、できないでしょうか」
源信「往生できないだろう」
僧「何の過によって往生できないのでしょうか」
源信「お前は怠慢だからだよ」
僧「どうしても往生できないでしょうか」
源信「お前は怠慢だけれども、成仏の願《がん》を持っている。これはよいことだ。たとえば家の奥に禁固された者でも、もし智恵があれば自分で逃れることができるようなものだ。成仏の願もまたこれと同じであり、生死の世界に沈んでも、そこから抜け出すことができる」
僧「では、成仏の願によって浄土に往生できますか」
源信「お前は、願があっても行がない。だから往生は難しいのだ」

僧「もしこれまでの怠慢を悔いて、これから精進すれば往生できるでしょうか」
（源信はしばらくこの質問に答えず、思いめぐらしてから答えた）
源信「やはり難しい、やはり難しい。およそ極楽往生を遂げるのは、きわめて難しいことなのだよ。だから私は、聖衆たちの最も外側にいるのだ」

これは源信の弟子が見た夢の一部である。阿弥陀信仰が隆盛におもむき、その救済力が絶大であると説かれる一方で、極楽往生への不安は非常に大きかった。源信は、多くの経典を紐解き『往生要集』を著して極楽往生の方法を熟知し、鼻毛まで抜いて清浄であることにこだわり、往生しようとしたと記録されている。しかし、そのような源信でさえも、極楽浄土の下品に往生した、と伝えられているのである。

備えあれば憂いなし？

往生のための方法は、基本的には、経典の記述に基づき理解されていた。ただし、往生への不安があまりにも膨らんでいったために、確実に往生するべく、部屋の掃除や沐浴など、経典には説かれていないことまで行なわれていたのであった。このような行為は、往生への不安要素を一つ一つ払拭しようとするものだったといえよう。ただし、往生への備えを周到にしたからといって、往生を確信できたか（あるいは、往生を確信されたか）どうかは、これまた別の問題である。あの源信ですら下品に往生した、とされているのだから。

3. モノノケに悩まされても——藤原道長

道長の栄華

臨終の指南書『往生要集』は、平安貴族の臨終のありかたに大きな影響を与えた。その影響を大いに受けた人物として、藤原道長（九六六―一〇二七）をあげることができる。

藤原道長は、関白藤原兼家《ふじわらのかねいえ》と妻の時姫の子としてこの世に生を享けた。同腹の兄として道隆と道兼の二人がいたので出世の望みは薄かったものの、二人の兄が志半ばで相次いで亡くなり、姉の詮子《せんし》の力添えもあり、内覧《ないらん》、右大臣、氏長者《うじのちょうじゃ》となった。さらに道長は、長徳二年（九九六）には左大臣となり、長保元年（九九九）には妻倫子《りんし》との長女彰子《しょうし》を一条天皇のもとに入内させることになる。彰子は、翌年には中宮《ちゅうぐう》となり、寛弘五年（一〇〇八）に敦成《あつひら》親王を産んでいる。道長は、晴れて外祖父《がいそふ》の地位を手にしたのであった。ついに長和五年（一〇一六）には摂政、寛仁元年（一〇一

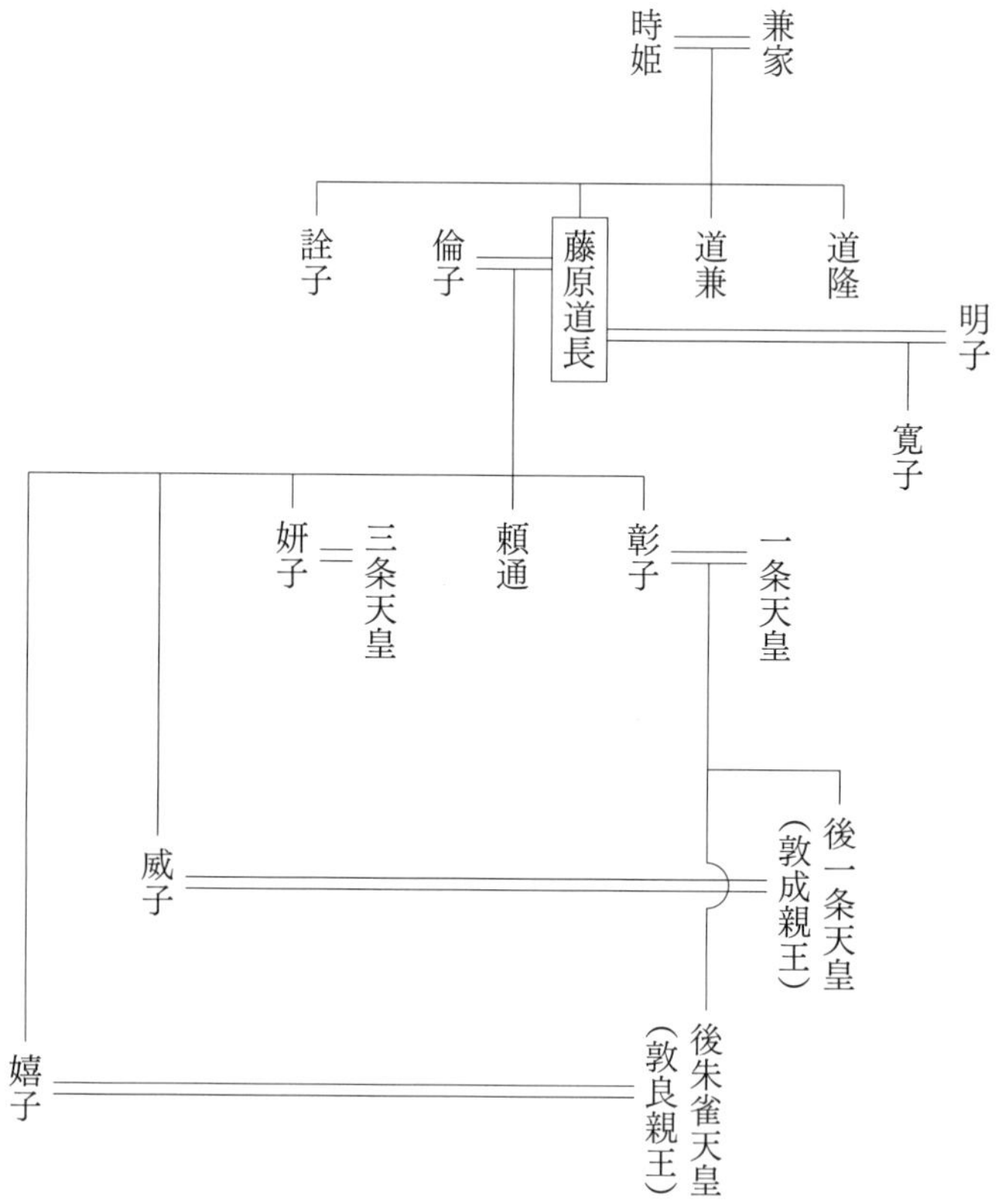
兼家
時姫
道隆
道兼
藤原道長
倫子
詮子
明子
寛子
彰子
一条天皇
頼通
三条天皇
妍子
後一条天皇（敦成親王）
威子
後朱雀天皇（敦良親王）
嬉子

七）一二月には太政大臣にまで昇り詰めている。翌年二月には太政大臣を辞したが、その後、三女の威子《いし》を後一条天皇のもとに入内させ、まもなくして中宮へ昇らせることになった。このとき、二女の妍子《けんし》は皇太后、長女の彰子は太皇太后となっていたので、三人の娘を后にしたことになる。道長による次の一首は、威子の立后の儀式ののちの宴の席で歌われたものである。

この世をば我が世とぞ思ふ望月《もちづき》の欠けたることもなしと思へば

（この世は私のためにあるようなものです。満月のように完璧であり、足りないものはありません。）

道長が酒宴の席で悦に入り、このような自慢げな歌を多くの貴族たちの前でつい披露してしまったのも、無理はないのかもしれない。

座右の書『往生要集』

しかし、このような道長ではあっても、頻繁にモノノケ[1]による病に悩まされ、精神的に脆弱な一面も持ちあわせていた。栄華を極めた道長は、多くの人々から怨みを買っている自覚があったようである。それによって、病になるたびに、モノノケを過敏

（1）モノノケとは、漢字で書くと「物気」であり、多くの場合は正体が定かではない死霊の気配、もしくは死霊そのものを指す。生前に怨みを抱いた人間に近寄り、病や死をもたらすと考えられていた。

に意識し、怯えていたのであった。

さて、道長は源信に信頼を寄せていた。寛弘元年（一〇〇四）、三九歳の道長は、体調がすぐれないので、比叡山の源信のもとに使者を遣わしている。病気治療の祈禱をしてもらおうとしたのだろう。(2) さらに翌年には、能書家の藤原行成に『往生要集』の写本を作らせている。(3)

それから約一四年後にあたる寛仁三年（一〇一九）、たびたび心身を悩ます病に苦しむ道長は、死が迫りくるのを意識したのだろう。比叡山延暦寺の僧、院源《いんげん》を戒師《かいし》として出家することになる。道長の日記『御堂関白記《みどうかんぱくき》』には、出家後、「一日、初念仏、一一万遍」や「五日、一七万遍」など、念仏の回数についての記事が見られる。『往生要集』の影響によるのか、念仏にいそしむ日々を送っていたようである。それにしても、一日に一一万回、いや、一七万回というのは、相当な回数である。寸暇を惜しんで唱えていたということになるだろう。もちろん、そんな日ばかりではなかったかもしれないが、念仏への傾倒には目を見張るものがある。

出家後、道長は、九体の丈六《じょうろく》阿弥陀如来像と観音菩薩像、勢至菩薩像を安置する阿弥陀堂などを建立し、法成寺《ほうじょうじ》（当初は無量寿院《むりょうじゅいん》と称す）とした。道長は、法成寺で宗教生活の日々を過ごすことになる。

(2) 速水侑『地獄と極楽――『往生要集』と貴族社会』吉川弘文館、一九九八年。
(3)『権記』寛弘二年（一〇〇五）九月一七日より。

モノノケによる病

病気がちだった道長は、万寿四年（一〇二七）の春ごろから再び体調を崩した。道長の病は、モノノケのせいだと考えられていた。病に苦しむ道長は、泣いたり大声で叫んだりしていた。そのさまは、まさにモノノケの仕業を想起させるものだった。[4] 道長は、この二年前には娘の寛子《かんし》と嬉子《きし》を亡くしている。寛子は、『左経記《さけいき》』万寿二年七月八日条では「霊気」による病、『栄華物語《えいがものがたり》』では「御もののけ」の正体は藤原《ふじわらの》顕光《あきみつ》とその娘延子《えんし》の死霊であるとされている。嬉子についても、『小右記』万寿二年八月五日条で、藤原顕光と延子らの霊の仕業であり、道長一家は霊に憑依《ひょうい》されたヨリマシ（霊媒）が発した言葉を非常に恐れていると噂されているのである。

藤原顕光は、三条天皇の息である敦明《あつあきら》親王を延子の婿とし、孫の男子ももうけていた。ところが、三条天皇崩御後、敦明親王は道長によって退位に追い込まれて東宮を辞し、その代わりに道長の孫、敦良《あつなが》親王（のちの後朱雀天皇）が東宮に立てられた。東宮を辞した敦明親王には、道長からその礼として上皇待遇の小一条院《こいちじょういん》の称号が贈られ、道長の娘寛子が妃としてあてがわれた。その結果、延子とその息子は、捨てられることになる。結局、延子は失意のままにほどなくして死去し、顕光も治安元年（一〇二一）にこの世を去った。栄華を目前にしながらもそれへの望みを奪われた顕光や延子の口惜しさは、いかほどのものだっただろうか。実際のところ、延子は道長

（4）『小右記《しょうゆうき》』万寿四年三月二一日条より。

を呪詛《じゅそ》しているという噂を生前から立てられるほど、道長に怨恨を抱いていると周囲から考えられていた。[5] このようなことから、最晩年の道長やその家族は、藤原顕光と延子の死霊を非常に恐れていたのである。

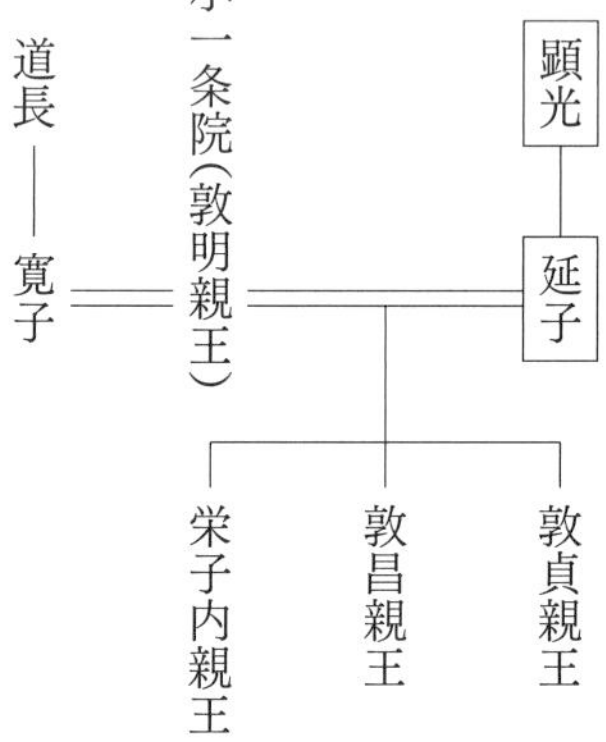

万寿四年三月に道長がモノノケによって悩み苦しんだことも、無理からぬことである。娘たちの次は、自分である。そのように考えたのではないだろうか。道長が「物の霊」に悩んでいた頃、倫子との娘である妍子も同様に病に臥していた。三条天皇の中宮であった妍子は、三条天皇崩御後、皇太后となっていた。妍子の病を治癒するべ

（5）『小右記』寛仁二年（一〇一八）六月二四日条より。

く、盛んに大掛かりな修法が行なわれた。その上、道長と妍子が病に苦しんでいた頃、出家していた道長の息子、顕信《あきのぶ》が比叡山の無動寺《むどうじ》で亡くなっている。(6) 道長にとって、さらに肩を落とす要因の一つだったことだろう。ちなみに、妍子の病の原因についても、やはり藤原顕光と延子の死霊によるものだと考えられていた。(7)

息子顕信を亡くし娘妍子が重い病に苦しんだ五月、道長自身の体調不良も依然として続いていた。『小右記』によると、五月三日には法成寺の阿弥陀堂で等身不動明王《とうしんふどうみょうおう》の絵像百体が、同五日には丈六阿弥陀如来像が供養された。さらに六月二一日には、百一体の釈迦如来像が造立され、法成寺新造堂に安置されている。気弱になった道長は、藁にもすがる思いで仏力に頼ったのであろう。

道長は、妍子のための祈禱も怠らなかった。妍子の病の原因が、自分の蒔いた種によるものだと罪悪感もあったのだろうか。しかし、道長の必死の願いにもかかわらず、九月一四日、妍子は息を引きとった。

モノノケへの屈伏

さて、驚くべきことに、道長が病に倒れた春から、モノノケを調伏するための加持《かじ》や修法《しゅほう》が積極的に行なわれた記録はない。『小右記』を見る限り、一一月一三日に道長の長男藤原頼通《ふじわらのよりみち》によって万僧供養(8)と非常赦《ひじょうしゃ》(9)が行なわれ、翌日の一四日に彰子によ

(6)『小右記』万寿四年五月一五日条より。

(7)『小右記』万寿四年五月三〇日条より。

(8) **万僧供養**　一万人ほどの僧を請じて食事を供し法要を行なうこと。功徳が大きいと考えられた。

(9) **非常赦**　通常の赦では許されない罪人の罪科を国家がゆるすこと。功徳があると考えられた。

って百人の僧による寿命経の読経が行なわれた程度である。それ以前の道長は、たびたびモノノケによる病を患っており、その都度、盛んに加持や修法を行ない対処していたにもかかわらず、なぜ、道長のための加持や修法は積極的に行なわれなくなったのであろうか。

たとえば、寛仁二年（一〇一八）四月ごろから胸病を患ったときには、四月一六日から二九日まで法成寺に参籠していた。二〇日には加持が行なわれて道兼の死霊の仕業ではないかとされ、すぐさま五壇法《ごだんほう》[10]がとり行なわれた（『小右記』）。道長は、モノノケによる病を自力で治そうと試みることさえあった。寛仁三年正月一八日には、胸の病に苦しむ道長は、「邪気」を調伏するために自分の手足を打ち、病気を快方に向かわせたという（『小右記』）。

これらの事例からも、万寿四年春からの道長の病に対して加持や修法が行なわれなかったことが、いかに異例であるかがわかる。このことについて検討するにあたっては、『栄華物語』「つるのはやし」にある語りが参考になる。内容は次のとおりである。

頼通が祈禱や修法のことなどを指図したところ、道長は「決してそのようなものは必要ない。自分を気の毒だと思う人は、今回の病気に祈禱などをしたらかえって恨みますよ。自分に悪道に堕ちよということなのだから。ただ念仏だけを聞い

（10）五壇法　不動明王を中尊とし、降三世明王、軍荼利明王《ぐんだりみょうおう》、大威徳明王《だいいとくみょうおう》、金剛夜叉明王《こんごうやしゃみょうおう》を勧請し同時に修する大がかりな密教修法のこと。

ていましょう。そこの君達は絶対に絶対に私に近寄ってはいけませんぞ」などと仰ったので、「御モノノケがこのように思わせ申し上げるのだろう」などとささやきあわれ、祈禱は中止された。

『栄華物語』は歴史物語であり、必ずしも歴史的事実を忠実に記録することを目的とした書ではない。それゆえ、そこには明らかに虚構だと考えられる箇所も多くある。しかし、モノノケによる病だと考えられていたにもかかわらず、あえて積極的に加持や修法が行なわれなかった理由としては、『栄華物語』で語られているとおり、道長自身がそれを望まなかったからとしか考えられない。愛娘を次々と亡くした道長は、もはや自身を悩ますモノノケの調伏には執着しなかったのではないだろうか。モノノケの前に屈服した道長は、ひたすら念仏にすがり、自身の極楽往生を願ったのであろう。

臨終行儀を意識した道長の死

道長の容態は、一〇月二八日に行なわれた妍子の四九日の忌法会を終えてからさらに悪化した。『小右記』によると、一一月一三日には、道長は自分の命が今にも尽きようとしていると思ったからか、沐浴をして念仏を始めた。念仏を部屋の外から聞いた者たちは、道長が臨終の念仏を唱えているのだと勘違いをし、入滅してしまったと早合点して慌てふためいたという。

二一日には、下痢がひどく、飲食することもできなくなり、さらには背中の腫物に苦しむものの、医療を拒否している。往生伝には、しばしば医療を拒否したとする伝がある。たとえば、『拾遺往生伝』の源《みなもとのときのぶ》時叙は、医師に背中の腫物の治療をすすめられたものの、「悪い腫物は長年の望みです。正念《しょうねん》を保って往生を遂げるためです」と告げ、沐浴をして浄衣に着替え十念《じゅうねん》し入滅した、とされている。(11)道長も、臨終正念を意識し、医療を拒否したのだろうか。

その後も道長の危篤状態は続き、一一月二四日にも息を引き取ったという誤った噂が流れた。二五日夜半には、天台座主《てんだいざす》の心誉のすすめにより法成寺阿弥陀堂の正面の間に移っている。阿弥陀堂は、『往生要集』でいうところの「無常院(12)」ということになるだろう。『往生要集』では、現世への執着を断ち切り臨終正念を保つため、日常から場を移す必要があるとされている。

二九日夕方には陰陽師賀茂守道《かものもりみち》が招魂祭《しょうこんさい》を行なっている。招魂祭とは、陰陽師が行なう病気治療の一つであり、抜け出た魂を体の中に呼び戻す祭である。生命体は、体の中にあるべき魂が抜け出てしまうことにより生命を維持できなくなる、と考えられていた。『小右記』には、守道が招魂祭をしたところ、「人魂」が飛んできたと記録

(11)新村拓『死と病と看護の社会史』法政大学出版局、一九八九年。

(12)「序　極楽往生の指南書『往生要集』」参照。

されている。つまりは、抜け出た魂が道長の体内に戻ったと解釈され、守道は禄《ろく》を下賜されている。

『小右記』には、一二月二日、医師の丹波忠明《たんばのただあき》が背中の腫物に針治療を施したとき、膿汁や血が出て、道長が苦しげにうめき声をあげた、とされている。前述の招魂祭やこの針治療が道長の希望によるものだったか否かは不明であるものの、道長の状態から、周囲の者による判断なのだろう。ただし、招魂祭や針治療が延命を目的としていた場合には、現世への執着につながり、臨終正念とは相いれない行為となる。死を間近にした病人を前にし、わずかな時間を稼ぐだけだとわかっていながらもつい延命行為をしたくなってしまうのは、現在も変わらない。懸命な治療にもかかわらず、一二月三日には、道長はただ頭を揺り動かすだけという状態となり、四日の明け方にとうとう入滅したのであった。

道長が臨終行儀を意識していたことは間違いない。危篤状態にあるにもかかわらず、沐浴をして念仏をした点や、臨終が近くなり阿弥陀堂にうつった点などは、臨終正念を志していたことを示している。ところが実際には、亡くなる二日前のうめき声が、『小右記』に記録された道長の最後の声となっている。おそらく、臨終時には、意識不明の状態であり、念仏は唱えられなかったのだろう。もし唱えることができたのならば、伝聞形式であっても、『小右記』に記録されるはずである。なぜならば、貴族の日記には、臨終正念であった場合、それを称賛して細かく記録される傾向にあるからである。それにもかかわらず、道長に関してはそのような記述は一切残されていない。

一方、『栄華物語』では、道長は阿弥陀堂に入ったのち、『往生要集』にあるように、阿弥陀仏像の手に持たせた糸の端をしっかりと握りしめ、現世への執着はまったくなく、臨終の念仏に専心したさまが語られている。『小右記』にうめき声をあげたとされている一二月二日には、弱々しいながらも、念仏をし続けていた、とされている。さらに、亡くなったあとについては、「お胸より上はまだ同じように温かでいらっしゃる。やはりお口を動かしておられるのはお念仏を唱えていらっしゃるように見える」とあり、まるで最後の瞬間まで念仏を唱え続けていたかのように語られている。『栄華物語』は、道長の栄華についての物語であり、道長が極楽往生したことを印象付けるかたちで記されている。史実とはかけ離れた内容となっているのも、致し方のないことであろう。

幽霊になった道長

『栄華物語』では、道長は臨終正念して極楽往生したものとして語られている。では実際には、道長の死後についてどのように考えられていたのだろうか。道長の入滅から六二年後の記録となる『中右記《ちゅうゆうき》』寛治三年（一〇八九）一二月四日条には、「幽霊」の「成道《じょうどう》」のために、毎年この日には念誦しなくてはならない、と記されている。

一二月四日は、道長の忌日にあたる。『中右記』の著者で道長の玄孫にあたる藤原《ふじわらの》宗忠《むねただ》（一〇六二―一一四一）は、道長の死霊（幽霊）[13]の成仏のため、毎年の命日に念誦していたことになる。命日における法会は、習慣化しており、往生したと考えられる者にもしばしば行なわれていた。ただし、宗忠は成仏のためであることをわざわざ明記している。とすると、宗忠は念誦により成仏させようとしているのであるから、道長の極楽往生を確信してはいなかったことになるだろう。

極楽往生を遂げるべく臨終行儀をしようとしても、実際にはなかなか思うようにはいかない。道長は、一日に一七万回も念仏をする日があるなど日ごろから熱心に念仏をし、権力と財力にまかせて立派な阿弥陀堂を建て、臨終時には臨終行儀に精通した高僧の手助けも十分に得ていた。それにもかかわらず、生前に思い描いていた臨終とは大きく異なる最後を迎えたからか、あるいはモノノケに憑りつかれがちだったからか、死後六〇年以上たっても成仏を願われ続けたのであった。臨終を意識して日ごろから念仏に励んでいても、思い通りの死を迎えるのは難しい。その上、残された者が死者の往生を確信することも難解である。つい疑心暗鬼になってしまうのが、煩悩を抱えるわれら人間だからである。

(13) 古代・中世における幽霊という語の意味については、小山聡子「幽霊ではなかった幽霊―古代中世の実像」小山聡子・松本健太郎編『幽霊の歴史文化学』（思文閣出版、二〇一九年）で論じた。

4. 最後は高声で念仏を——後白河法皇

天皇には不適任？

まず後白河法皇が生きた時代情勢と人となりについてみていく。鳥羽上皇と中宮の藤原璋子《ふじわらのしょうし》の第四皇子として雅仁親王（のちの後白河法皇）が生まれたのは、大治二年（一一二七）のことである。鳥羽の祖父、白河法皇が、鳥羽天皇を退位させて上皇とし、鳥羽の第一皇子、顕仁親王(1)を天皇の位につけてから四年後のこととなる。雅仁親王出生時は、白河法皇がいまだ院政により専制的権力をふるっていた頃である。その二年後、白河法皇がこの世を去り、鳥羽上皇による院政がはじまることになる。

その後、鳥羽上皇と、おそらく実子ではない崇徳天皇の仲は悪化の一途をたどり、璋子も疎外されるようになる。結局、永治元年（一一四一）、崇徳天皇は退位させられ、鳥羽上皇の寵愛を受けていた藤原得子《ふじわらのとくし》（のちの美福門院）の皇子が三歳で即位し、近衛天皇とされた。この時点では、雅仁親王は、皇位継承とは無縁の気楽な立場にあ

（1）顕仁親王　のちの崇徳天皇。白河法皇と璋子が密通し生まれた子どもであるという噂があった。

った。

　ところが、久寿二年（一一五五）、病弱だった近衛天皇が一七歳で崩御してしまう。後継の候補者には、雅仁親王の息子、守仁親王が美福門院の養子となっていたことから挙げられた。しかし、父の雅仁親王をさしおいて子の守仁親王が即位するのは憚られ、鳥羽院政のもとで中心的な院近臣であった信西《しんぜい》が雅仁親王を強く推したこともあるのか、とりあえず雅仁親王を中継ぎとして皇位につけ、続いて守仁親王の皇位継承を予定するということになった。(2) ちなみに、関白九条兼実の弟で四回にもわたって天《てん》台座主《だいざす》(3)となった慈円による歴史書『愚管抄《ぐかんしょう》』によると、鳥羽法皇は雅仁親王に関して、ひどく評判になるほどに遊芸などにふけっており、天皇としてふさわしくない、と考えていたようである。

(2) 橋本義彦『藤原頼長』（人物叢書）吉川弘文館、一九八八年。

(3) **天台座主**　比叡山延暦寺の管主の公称。天台宗一門を統括する。

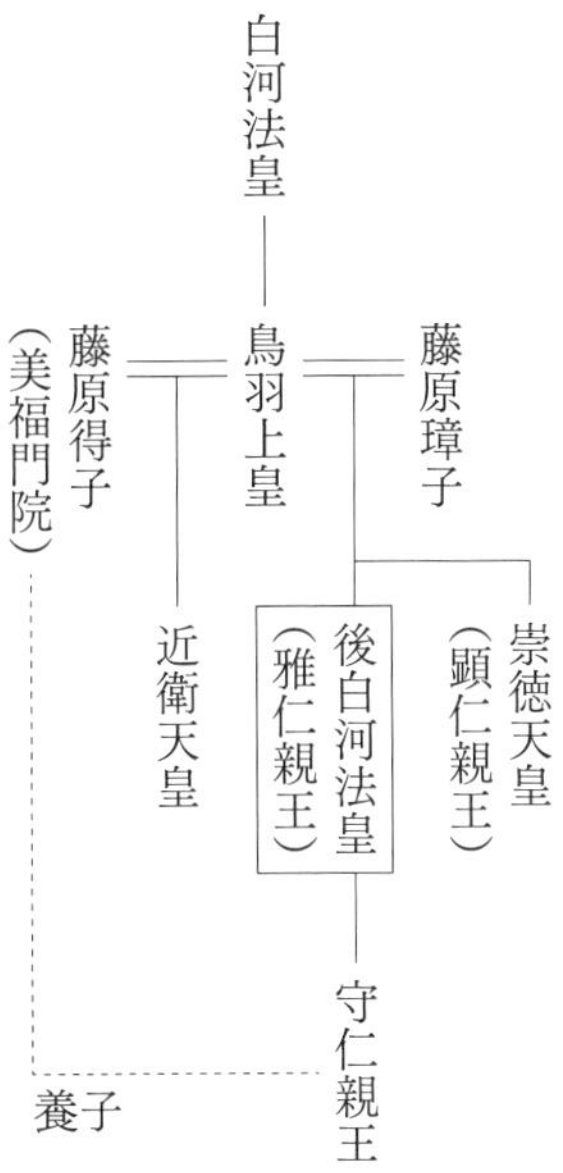

「日本第一の大天狗」

さて、この雅仁親王が後白河天皇である。皇位についたのは、この時代としては異例なほど遅い二九歳であった。即位からまもなくして鳥羽法皇が崩御したことをきっかけに、かねてより皇位継承に不満を抱いていた崇徳上皇が左大臣藤原頼長らと手を結び、後白河天皇と天皇に味方する藤原忠通《ふじわらのただみち》らと激突し、保元《ほうげん》の乱が勃発し、天皇側の勝利に終わった。

保元三年(一一五八)、守仁親王(二条天皇)に譲位して上皇になった後白河は、その後、平治の乱の勝者である平清盛と緊密な関係を保持しつつ、政治の実権を掌握し院政を行なっていく。崇仏心の高まりにより、嘉応元年(一一六九)、後白河上皇は出家して法皇となった。

清盛との関係は、清盛の娘、徳子が生んだ言仁《ときひと》親王を皇太子にするよう清盛が後白河法皇に強請したことをきっかけに悪化していく。後白河法皇は、清盛の嫡子である重盛が亡くなったときに重盛の知行国《ちぎょうこく》越前国を没収し、清盛に幽閉されたり政治の実権を奪われたりしたものの、清盛がこの世を去ると院政を再開した。文治元年(一一八五)、結局後白河法皇は源範頼と義経に平家追討を命じ、平家を滅亡させた。その後、源頼朝と弟の義経の仲が険悪となる。後白河は、行家と義経からの求めにより頼朝追討の命令を出したものの、畿内近国に義経に従う武士がほとんどおらず、弁解の使者を頼朝のもとに送っている。使者は、行家と義経の謀反は「天魔の所為」によるものであり、頼朝追討の宣旨を出したのも後白河院の意思ではない、と弁解した。すると頼朝は、天魔というのは仏法の妨げをし、人々に煩《わずら》いをもたらすものだとしたうえで、「日本第一の大天狗」とは他に誰がいようか、と後白河を非難したのであった。(4) 延慶本『平家物語』では、天魔とは、仏教修行者が驕慢《きょうまん》の心を起こし、無道であるがゆえに死んだあとに地獄にも堕ちず、極楽往生もできずになるものだとされている。天魔と天狗は同様の意味を持つ言葉であった。(5)

さて、頼朝が大軍を上洛させると、後白河は手のひらをかえして義経追討の院宣を出した。義経は奥州平泉に逃れたものの、結局藤原泰衡に討たれ、泰衡も義経をかくまったことを理由に頼朝に滅ぼされた。義経の問題が解決し、後白河と頼朝も和解し、建久元年（一一九〇）に三〇年ぶりの再会も果たした。頼朝はたくさんの贈り物をし、後白河は厚くもてなした。(6) これは後白河崩御の約一年三か月前にあたる出来事である。

前述したように、後白河は、突然に皇位を継承し、譲位後も、二条、六条、高倉、安徳、後鳥羽の五代にわたって、三五年ものあいだ、院政を執った。武士が活躍し大乱が勃発した激動の時代の中を、藤原摂関家、清盛やその後継者、頼朝、義経など、公武との争いや協調に苦労し、政治的な手腕を発揮して権力を維持し続けたのである。

ついに頼朝が征《せい》夷《い》大将軍《たいしょうぐん》に任じられたのは、後白河法皇崩御から約四か月後のこと

(4)『吾妻鏡』文治元年一一月一五日条より。「日本第一の大天狗」は、後白河の使者高階泰経を指すという説もあるものの、「大天狗」と非難されるほどの者ではないので、やはり後白河法皇を指すと考えるのが妥当であろう（川合康「後白河院と朝廷」古代学協会編『後白河院――動乱期の天皇』吉川弘文館、一九九三年。美川圭『後白河天皇――日本第一の大天狗』ミネルヴァ書房、二〇一五年）。

(5) 山田雄司『崇徳院怨霊の研究』思文閣出版、二〇〇一年。

(6)『吾妻鏡』より。

であった。

今様狂い

後白河法皇は、一〇代のときから崩御に至るまで、今様《いまよう》に耽溺し続けていた。つまりは、大の今様狂いだったのである。今様とは、当世風という意味であり、当時の流行歌のことである。後白河法皇は、今様の歌集『梁《りょう》塵《じん》秘《ひ》抄《しょう》』を撰述し、秘伝書『梁《りょう》塵《じん》秘《ひ》抄《しょう》口《く》伝《でん》集《しゅう》』を著した。『梁塵秘抄口伝集』は後白河が出家直前の四三歳のときに執筆し、五〇代に増補したと考えられる。

後白河の今様への入れ込みようは尋常ではなかった。『梁塵秘抄口伝集』では、昼夜通して歌い続けることもあり、声が出なくなってしまったことも三度ほどあったと述懐している。そのうち二度は、喉が腫れてしまい、湯水を飲み込むのもつらいほどであったという。父鳥羽上皇が皇位につく器量ではないと評したのも無理からぬことである。

後白河にとっての今様は、その信仰と密に結びつくものであった。『梁塵秘抄口伝集』には、次のような記述がある。

この、今様というものが今日あるのは、娯楽のためだけではない。心を込めて神社や寺に参詣して歌うと、霊験を蒙り病がすぐに治らないということはない。官職を望み、命を延ばし、病気をたちどころに治さないということはない。

このように、後白河にとって今様とは、現世で恵みを得るための手段の一つでもあった。後白河はこのように書いた上で、太秦《うずまさ》に参籠し今様を一心に歌って出来物が治った者のことや、目が不自由で神社に籠って歌ったところ、見えるようになった者のこと、臨終時に「今は西方極楽の」と歌い、往生を遂げた者のことなどを書きとどめている。五〇代になった後白河は、極楽往生を願い、自身の往生を確信していた。『梁塵秘抄口伝集』で、今様による往生について次のように書いている。

わが身は、五〇有余年を過ごし、かえりみれば夢のようであり幻のようである。すでに人生の半分は過ぎてしまった。今は万事をなげすてて、極楽往生を望もうと思う。たとえまた今様を歌うとしても、どうして蓮台の迎えを受けないことがあろうか。（中略）法文歌は仏の教えの文言からはずれたものはない。法華経八巻のすべての軸が光を放ち、二八品の一つ一つの文字は金色《こんじき》の仏でいらっしゃる。世俗の文字のわざも、仏を讃嘆する因であり、どうして仏法を説く縁にならないことなどあろうか。

後白河は、自身の往生は間違いないとしたうえで、今様を歌うこと自体が即仏道修行であると強調している。後白河にとっては、今様を歌うことは極楽往生のための行でもあったのである。

多様な信仰

後白河法皇は、出家前から、袈裟を着て護摩などを行なっていた。(7) 熊野への厚い信仰もあり、歴代の天皇・上皇の中でも最多の三四回も参詣している。参詣したのは熊野だけではない。石清水《いわしみず》や日吉、新日吉、賀茂などにもたびたび参詣していた。(8) さらに、厚く法華経や観音菩薩も信仰していた。自ら撰述した『梁塵秘抄』本文にも、法華経に基づく歌が多数収録されている。

その上、天台宗寺門派《じもんは》の園城寺《おんじょうじ》への帰依《きえ》も厚く、四三歳のときには園城寺長吏《ちょうり》、覚忠《かくちゅう》の受戒で出家している。ただし園城寺のみに帰依したのではなく、その翌年には東大寺で受戒を、さらには安元二年（一一七六）には延暦寺で天台座主の明雲《みょううん》を戒師として天台の戒を受けている。このように後白河法皇は、一つの宗派にこだわらず、ひろく仏道そのもの、さらにはさまざまな神に帰依していた。ただし、『梁塵秘抄口伝集』にあるように、後白河が往生する浄土として希望したのは、阿弥陀仏の極楽浄

（7）『愚管抄』より。

（8）棚橋光男『後白河法皇』（講談社選書メチエ　講談社、一九九五年）には、「後白河の行動一覧（践祚後）」が収められている。そこからは、たびたびさまざまな神社や寺に参詣していたことがわかる。

土であった。

『往生要集』の談義の聴聞

晩年の後白河法皇は、『往生要集』に関心を抱くようになった。文治二年（一一八六）三月の「院七日御逆修結願表白」には、歳をとるにつれて穢れや悪で満ちた現世を厭い離れようとする思いがいよいよ深くなり、極楽浄土への往生への希求が日増しに切になっている、とされている。

文治三年（一一八七）三月下旬から四月上旬にかけて、後白河は病を患い、さまざまな祈禱を受けていた。藤原兼実《ふじわらのかねざね》の日記『玉葉《ぎょくよう》』四月九日条には、学僧五人を召して『往生要集』の談義が行なわれることになったとされている。兼実は、このことについて、「法皇は、長年、経典の文を理解できていない」という手厳しい感想を述べた上で、病気になって突然に談義をすることになったとして「奇となすに足る」としている。兼実は、後白河が突如として、ろくに『往生要集』に関する理解もないのに、病気になった途端に談義の聴聞をすることについて奇異の目で見ているのである。後白河は、病気をきっかけに自身の死が迫りくるのを感じ、『往生要集』の談義をしようとしたのであろう。そろそろ臨終行儀について知らねばならない時期がきたと考えたのであろうか。

後白河法皇の「終活」と崩御

建久二年（一一九一）、かつて源義仲に焼かれた御所法住寺殿《ほうじゅうじどの》が、源頼朝の協力により、再建された。一二月一六日には、完成した法住寺殿に後白河が渡御している。ところが、二〇日から後白河は食欲がなくなり、足が腫れて痛みはじめ、灸をしている。『玉葉』によると、閏一二月一二日には食欲がない上に下痢まで加わり、一四日には保元の乱で讃岐《さぬき》に流されこの世を去った崇徳院と、長門国《ながとのくに》の壇ノ浦で海に沈んだ安徳天皇を弔うために、讃岐国と長門国に堂を建立し、それぞれの乱で亡くなった人々の霊を鎮魂するように命じた。これは、後白河が崇徳院や安徳天皇、乱で命を落とした者たちの怨念により病を患っていると考えたからに他ならない。しかし、鎮魂を命じた甲斐もなく、一六日には腹が腫れて妊婦のようになってしまい、脛《すね》や股、顔も腫れ、下痢も続いていた。

年が明けた二月一八日、死が近いことを覚《さと》った後白河は、遺領処分の決定をしている。いわゆる、現在でいうところの「終活」である。後白河の「終活」について、九条兼実は、処分の内容を記した上で、「御処分の躰《てい》、誠に穏便なり」と高く評価している。後白河は、しっかりと物事の判断ができるあいだに、的確に処分しようとしたのだろうか。

そしてついに三月一三日、後白河は六六歳で崩御することになる。臨終時には、善《ぜん》知識《ちしき》（浄土に導く僧）として大原の来迎院の湛斅《たんごう》、さらには仁和寺宮守覚法親王《しゅかくほっしんのう》、醍醐寺座主勝賢僧正《しょうけんそうじょう》が侍った。湛斅の師は、天台声明《てんだいしょうみょう》中興の祖とされる良忍であった。湛斅は受戒の師や善知識として、大変尊崇されていたのだろう。

たとえば、文治元年（一一八五）五月一日には、清盛の娘建礼門院徳子は、湛斅を戒師として出家している。[9] また、『吾妻鏡《あづまかがみ》』同年六月二一日条には、壇ノ浦で捕らえられ近江国《おうみのくに》で斬られることになった平宗盛・清宗父子のもとに、義経の配慮により、湛斅が善知識として処刑の場に出かけたとされている。このとき、宗盛らは、湛斅の教化に帰し、たちまちに怨念をひるがえして欣求浄土《ごんぐじょうど》の志を生じた、とされている。このように湛斅は、戒師や善知識としての名声があったからこそ、後白河の臨終時に招かれたのであろう。ちなみに、後白河の崩御を受け、後白河から寵愛を受けていた高階栄子（丹後局）も湛斅を戒師として出家している。[10]

湛斅とともに善知識とされた守覚は後白河の息子であり、勝賢は信西の息子で後白河とは親交があった。『玉葉』には三人の中でも湛斅の名が筆頭となっている。したがって、おそらく善知識三人の中でも最も主要な役割を果たしたのは、湛斅だったのだろう。

さて、『玉葉』には後白河の死について次のように書かれている。

（9）『吉記《きっき》』より。

（10）湛斅については、角田文衛「建礼門院の後半生」同『王朝の明暗』（東京堂出版、一九七七年）で詳しく論じられている。

十念具足《じゅうねんぐそく》、臨終正念《りんじゅうしょうねん》、顔は西方に向け、手には定印《じょういん》を結んだ。往生するということはまったく疑いなし、ということである。後になって聞いたところによると、西方をお向きにはならず、巽方（南東）を向いていた、ということである。また頗《すこぶ》る微笑をしていた。疑ってみることには、天に生まれた相だろうか、ということである。

この臨終は、一見すると、『往生要集』の臨終行儀にのっとって行なわれたように見える。しかし、手に定印（おそらく阿弥陀の定印）を結ぶことは『往生要集』には見えず、顕教《けんぎょう》(11)の浄土教では定印を結ぶことはない。臨終時の定印は、密教(12)の浄土教で行なわれる(13)。

たとえば、真言僧の覚鑁《かくばん》が撰述した『一期大要秘密集《いちごだいようひみつしゅう》』にも、病人は目を本尊に向け、合掌して本尊から引いた五色の幡をもつべきであり、または本尊の印を結んで、真言念仏して三密加持《さんみつかじ》を怠らないことが必ず往生する姿である、と書かれている。つまり後白河の臨終のありようには、顕教と密教の両方の要素を見出すことができるのである。

(11) 言葉や文字でわかりやすく説いた教えのこと。

(12) 大日如来を本尊とする真言秘密の教え。大菩薩でさえ知り尽くすことができない深遠秘奥な教えであるから密教という。

(13) 苫米地誠一「往生伝と密教浄土教」同『平安期真言密教の研究』ノンブル社、二〇〇八年。

どちらの浄土へ往生したか？

善知識のなかでも筆頭に記されていた湛斅は、顕教の浄土教による臨終行儀を行なう善知識である。それにもかかわらず、定印を後白河が結んだのは、後白河の意志によるものなのか、真言僧である守覚と勝賢の意志によるものなのかは不明である。ただし、『愚管抄』によれば、後白河は腹腔に水がたまった状態で足が動かなくなっているにもかかわらず、崩御の前日まで一日中護摩を絶えず行ない続けていた。したがって、後白河は、亡くなる直前まで密教に傾倒していたことになる。

定印を結ぶなど、臨終時に密教の行法をする場合には、大日如来の密厳《みつごん》浄土への往生を志すことが多い。また、『日本往生極楽記』をはじめとする往生伝には、定印を結び、曼荼羅を懸けて金剛界の阿弥陀浄土や胎蔵界の阿弥陀浄土に往生を遂げた、とする伝も見られる。ちなみに金剛界も胎蔵界も、阿弥陀仏は大日如来の西方に位置している。

しかし、後白河法皇は、前述した「院七日御逆修結願表白」や『梁塵秘抄口伝集』の記述から、厭離穢土《おんりえど》、欣求浄土の念を深め、はるか西方にあるとされる極楽浄土、つまりは顕教の極楽浄土への往生を志していたと考えられる。兼実が批判した『往生要集』の談義も、顕教の極楽浄土への往生を願ったからこそ行なったのだろう。真言僧の守覚と勝賢は、真言僧だから善知識に選ばれたのではなく、守覚は実子であったから、勝賢は親交があったから加えられたのだろう。臨終の定印は、たしかに本来、顕教の浄土教では行なわない。しかし、往生伝でも、臨終の定印は往生した証として記録される傾向にあり、必ずしも密教浄土への往生を志したとはいえない伝でも定印について書きとどめられている。(14) したがって、たとえ後白河院の意志で定印を結んだとしても、顕教浄土教と密教浄土教を特には区別せずに行なった可能性も大いにある。とにもかくにも、後白河の臨終行儀では、密教の行法もとりいれつつ、極楽往生が願われたのである。

さて、兼実は、後白河法皇が西方を向いて往生したという話だけではなく、巽《たつみ》、つまり南東を向いて亡くなったという話をのちになって聞いたとも記録しており、極楽往生したのではなく、天道に生まれた可能性もあるといわれている、としている。仏教では死後に仏になれなければ、天道《てんどう》、人道《にんどう》、阿修羅道《あしゅらどう》、畜生道《ちくしょうどう》、餓鬼道《がきどう》、地獄道《じごくどう》の六道《ろくどう》のうちのいずれかにいくことになるとされていた。六道はいずれも苦の世界である。「頗る微笑」した死顔は、気味の悪いものとして受けとめられたのだろう。だからといって、最後に苦しみはしなかったので、三悪道に堕ちたとは判断されず、天道で生まれ変わったのではないかという話になったのだろうか。日記にあえてこのような噂を書きとどめたのは、それまで後白河の言動にしばしば批判的な目を向けてきた兼実による、最後の〝いじわる〟だったのかもしれない。

(14) 前掲註13、苫米地誠一著書。

鎌倉に届いた訃報

後白河法皇崩御の報《しら》せは、崩御から三日後の一六日に飛脚によって鎌倉に届けられた。『吾妻鏡』三月一六日条には、次のようにある。

去る一三日の寅の刻に、太上法皇（後白河法皇）が六条殿で亡くなられた。ご病気は大腹水ということである。大原の本成房上人（湛斅）を召して善知識とされ、高声念仏を七〇回行ない、御手に印を結び、臨終正念でお座りになられたままお眠りになるように亡くなられたということである。

善知識としては湛斅しか記されていない。三人の善知識の中でもとりわけ湛斅が重要な役割を担っていたからであろう。『吾妻鏡』では、後白河法皇は高声《こうしょう》念仏(15)を七〇回もしたとされている。一方、この情報は、『玉葉』や『明月記』にはない。ただし、手に定印を結んだことや臨終正念を保ち眠るように亡くなったとする点は、『玉葉』と一致している。

それにしても、死ぬ間際に残されたわずかな力を振り絞って高声で七〇回も念仏をした、というのは尋常ではない。鎌倉にもたらされたこの情報が事実なのか誇張なのかは不明であるものの、『玉葉』『明月記』『愚管抄』『吾妻鏡』からは、後白河が臨終

(15) 高声念仏　高い声で念仏すること。

行儀にこだわり、なんとしてでも極楽往生を遂げようとする意志を人一倍堅固にもっていたことは間違いない。

ちなみに、後白河法皇はのちに天狗になった、とする説もある。たとえば、延応元年（一二三九）の九条道家の病を治すために祈禱に赴いた慶政と、道家に仕えていた女房に憑依した比良山《ひらさん》の大天狗との問答の記録『比良山古人霊託《ひらさんこじんれいたく》』には、次のような記述がある。

問　御白河院と崇徳院とでは、どちらの勢いが激しいでしょうか。

答　御白河院の勢いが、はなはだしいです。

このように後白河は、往生どころか、はなはだしく力を持つ天狗になってしまった、ともされていたのであった。『比良山古人霊託』では、「驕慢心」と「執着心」が深い者が天狗になる、とされている。生前の後白河の言動が、天狗を想起させたのだろう。

コラム　臨終行儀は必要？　不要？

源信の『往生要集』以降、京都の貴族を中心に臨終行儀が重要視されていった。ただし、臨終行儀が当たり前のようになされるようになった頃、それを不要だと主張する僧が登場した。法然（一一三三―一二一二）と親鸞（一一七三―一二六二）である。

法然は、日ごろから念仏を唱えていれば必ず臨終時には来迎《らいごう》があり、来迎があることにより正念となるので、臨終行儀は不要だとした。一方、親鸞は、真の信心を阿弥陀仏から得た時点で極楽浄土への往生が定まるのだから、臨終時の来迎を待たなくてもよい、と説いた。親鸞は、来迎を期待して臨終行儀をすることは自力の行者にあてはまる、としている。

臨終行儀をして往生を遂げるのは容易ではない。臨終時に浄衣《じょうえ》を着て仏像に結わえ付けた五色の糸の片端を握ることはできたとしても、心を乱さず一心に集中して念仏を唱え息絶えることなど、多くの人間にはできないだろう。臨終正念《りんじゅうしょうねん》は、実際には非常に難解なので、苦悩した者も多くいたに違いない。法然や親鸞の教えは、臨終正念の難解さに苦悩する人々にとっては、非常にありがたいものだったはずである。

それにもかかわらず、法然の弟子や親鸞の家族、子孫、弟子たちの中には、いずれも臨終行儀にこだわる者がいた（小山聡子『親鸞の信仰と呪術——病気治療と臨終行儀』吉川弘文館、二〇一三年。小山聡子『浄土真宗とは何か——親鸞の教えとその系譜』中公新書　中央公論新社、二〇一七年）。第二部に登場する法然の弟子津戸三郎為守《つのとのさぶろうためもり》もその一人である。法然や親鸞が臨終行儀は不要であると説いても、相変わらず臨終行儀にこだわる風潮は続いていく。いかに臨終正念をするかが模索され、静かな心持で念仏をしてから自害をする自害往生まで試みる者が出たほどである。

たしかに、病気や老衰により死を迎えれば、痛みや苦しみに悶え、もしくは意識が朦朧とするなどし、臨終正念どころではない。一方、死ぬときを自分で決めてしまえば、ことは簡単にも思える。だからであろうか、中世前期の説話集には自害往生の説話がしばしば収められている。たとえば『発心集』には、病気にならずに死ぬ場合にこそ臨終正念できるだろうという考えのもとに焼身自殺をしようとした男の説話や、入海往生を遂げた宮仕えの女房の説話、断食により往生を遂げた僧の説話などが収録されている。このことは、『発心集』制作時に、自害往生への関心が強かったことを示しているといえるだろう。

ところが、自害により往生を遂げるといっても、実はこれまたなかなか難しい。なぜならば、自害の苦しみによって後悔の念が生じがちだからである。後悔の念が生じて心が乱れれば、当然、往生などできない。

仏教説話集『沙石集《しゃせきしゅう》』(一三世紀成立)には、こんな説話がある。

入水して一刻も早く往生しようと思い立った上人《しょうにん》が、それを修行仲間の僧に、「入水後に生への執着の心が出てきたら縄を引いて合図しようと思う。そうしたら私を引きあげてくれ」と告げた。結局、一度ではうまくいかず、何回も水中から合図をして引きあげてもらった。けれども、練習の成果があったのか、最終的にはとうとう引き上げてほしいという合図がなくなった。そうこうするうちに、往生したことを示す音楽が空から聞こえ、紫雲がたなびいたのであった。

なんとも滑稽な話である。しかし、笑ってばかりもいられない。生への執着をなくすことは、これほどまでに難しいのである。現世への執着を完全に捨て去るなどということは、なかなかできるものではない。これは過去も現在も変わらない。いかに死ねばよいか。人類が続く限り、永遠のテーマである。

第二部

臨終行儀の展開　中世編

5．怨霊に祟られて――源頼朝

源頼朝の人となり

源　頼朝《みなもとのよりとも》（一一四七―一一九九）は、平治《へいじ》の乱（一一五九年）で平清盛と戦ったことで知られる源　義朝《みなもとのよしとも》の息子である。平治の乱では父義朝とともに戦ったものの敗れ、伊豆へ配流に処せられた。頼朝は、二〇年間もの流人《るにん》生活を経て、以仁王《もちひとおう》の命令により挙兵し、文治元年（一一八五）に長門国《ながとのくに》の壇ノ浦で平家を滅ぼすことになる。その後、後白河院に接近した異母弟の義経を追い、その追捕を理由に各地に守護と地頭を置き武家政権を確立した。文治五年（一一八九）、義経をかくまった奥州の藤原《ふじわらの》泰衡《やすひら》を滅ぼし、建久三年（一一九二）には征夷大将軍に任じられることになる。

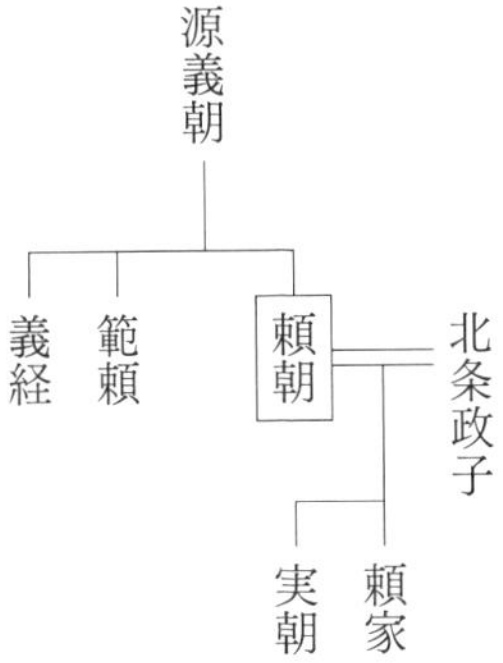

鎌倉幕府初代将軍である頼朝は、平家一門や泰衡のみならず、弟の義経、範頼《のりより》、叔父の行家らも滅ぼして自身の地位を固めたので、非情な人物として語られがちである。しかし、頼朝には、恩を受けた人間には情け深く手厚く対する一面もあった。たとえば、平治の乱に敗れて捕らえられたとき、清盛が頼朝を殺そうとしたところ、清盛の父、忠盛の後妻である池禅尼《いけのぜんに》が命乞いをしてくれたために一命をとりとめることができた。その後、平家が西海へ逃れた際に、池禅尼の息子、平頼盛を鎌倉に招いて歓待し、頼盛一族を庇護することになる。頼朝は、命の恩人の息子を、決して非情に切り捨てたりなどはしなかったのである。

頼朝の信仰

源頼朝は信心深かったことで知られている。(1) 石橋山の戦いでは、銀でできた二寸（約六センチメートル）の正観音像《しょうかんのんぞう》を髻《もとどり》の中に入れて戦った。この正観音像は、頼朝が三歳のとき、乳母が清水寺に参籠して頼朝の将来を懇《ねんご》ろに祈り、一四日経ったところ、夢告があり突然に現れた像だという。それから頼朝は、この像に帰依し崇敬していたのであった。(2) 正観音を厚く信仰しただけではない。頼朝は、由比郷の鶴岡宮を鎌倉に移し、鎮護国家の機能を負う寺院とした。また、国家仏教を尊重しつつ、源氏の氏神の八幡神、国の統治者として伊勢神宮、伊豆への配流以後には伊豆・箱根神社な

(1) 頼朝の信仰については、次のような研究を挙げることができる。鎌田純一「源頼朝の信仰」『皇学館論叢』二―六、一九六九年。上横手雅敬「源頼朝の宗教政策」同編『中世の寺社と信仰』吉川弘文館、二〇〇一年。山田雄司「源頼朝の怨霊観」同『怨霊・怪異・伊勢神宮』思文閣出版、二〇一四年。

(2) 『吾妻鏡』治承四年八月二四日条より。

どを厚く信仰していた。

さらに頼朝は、平治の乱後に謀殺された父、義朝の菩提を弔うために、鎌倉の雪ノ下に勝長寿院《しょうちょうじゅいん》(3)を建立している。勝長寿院の本尊の後壁には、浄土のさまと阿弥陀仏に侍《はべ》る二十五菩薩が描かれていたという(4)。本尊は、仏師の成朝《じょうちょう》による総金色《こんじき》の丈六阿《じょうろくあ》弥陀仏像《みだぶつぞう》であった。頼朝は、非業の死を遂げた義朝の極楽往生を祈念したのであろう。

ちなみに頼朝は、京都から阿弥陀三尊一舗を取り寄せ、持仏堂《じぶつどう》に安置している(5)。持仏堂とは、日ごろから礼拝している仏像、すなわち持仏を安置する堂のことである。頼朝は自身の極楽往生を願い、阿弥陀仏の絵像を安置したのであろう。

このほか、頼朝は、奥州平定ののちには「数万の怨霊」をなだめ救うために永福寺を創建したことでも知られている。戦没者の鎮魂と幕府の威容を示すのが、創建の目的であった(6)。

このように頼朝は、非常に信仰熱心な人物であった。極楽浄土への自身の往生を、強く願っていたことだろう。

由比ヶ浜に住む漁師の往生

前述したように、頼朝は義朝の菩提を弔うために、阿弥陀仏を本尊とする寺院を建立した。とすると、死後には極楽浄土へ往生することが望ましいと考えていたことに

(3) 勝長寿院　現在は廃寺。
(4) 『吾妻鏡』文治元年一〇月二一日条より。
(5) 『吾妻鏡』建久二年（一一九一）二月二一日条より。
(6) 前掲註1、上横手雅敬論文。

なるだろう。その上、『吾妻鏡《あづまかがみ》』には、頼朝が極楽往生を遂げた漁師を称賛したことが、次のように書かれている（建久五年〔一一九四〕五月二日条）。

由比ヶ浜のあたりに住む老いた漁師が、病気もしていないにもかかわらず、突然亡くなった。このときには往生のめでたいしるしがあり、人々がこぞって見ると、漁師は姿勢を正して座って合掌し、少しも動揺しなかった。頼朝は、このことを聞いて大変喜び、御家人の梶原景茂《かげもち》を通じて尋ねられたところ、この漁師は日ごろから漁によって生計をたてているものの、漁をしているあいだも阿弥陀の宝号を唱え、怠りなかったという。これを聞いた頼朝は、感心し、白米（象牙）を下賜され、漁夫の遺蹟で亡きあとを弔うように、と仰せられたということである。

ここでは往生のめでたいしるしの詳細については記されていないものの、説話集や往生伝などには、しばしば紫雲《しうん》や音楽、光、異香《いこう》などが挙げられているので、このようなものが確認されたということになるだろうか。漁師は、「少しも動揺しなかった」とされているので、心乱さず臨終《りんじゅう》正念《しょうねん》したことになる。漁をしている最中の念仏には、殺生の罪を滅する目的もあったのだろうか。

それにしても、『往生要集』や往生伝にあるような臨終行儀を、京都の貴族や僧侶ばかりではなく、鎌倉の漁師までが行なっていたことは大変興味深い。この漁師が難解な漢文を読めたとは考えにくく、『往生要集』などを実際に手にして読んだとは考えられない。そうではあるけれども、日ごろから念仏をして臨終時に正念を保てば極楽往生できるのだと耳にし、阿弥陀仏を厚く信仰していたのだろう。『吾妻鏡』にある由比ヶ浜の漁師の往生についての記事は、これまでまったく注目されてこなかった。けれども、この記事は、『往生要集』や往生伝に記された臨終行儀が京都から遠く離れた地に住む漁師の臨終のありようにまで影響を及ぼしていたことを示す点で、大変興味深い。

臨終時に威儀を正して座り、合掌し、正念を保つことは、人間にとって大変難解である。ただし、このようなことが不可能かというと必ずしもそうではない。たとえば『吾妻鏡』元久二年（一二〇五）一一月一五日条にも、念仏の行者であった相馬次郎《そうまじろう》師常《もろつね》が正しい姿勢で座り合掌をしてまったく動揺せずに亡くなったことが記録されており、間違いなく往生したと考えられる、とされている。このときには、結縁《けちえん》(7)と称して僧侶も俗人もこぞって集まり、師常を拝んだ、ということである。このような臨終は、容易ではないものの、ときどきはあったようであり、貴族の日記などにも確認することができる。ただし、珍しいことではあったので、このようなことがあった場合には、たとえ身分が低い人物であっても詳しく記録される傾向にある。

（7）結縁　仏道に縁を結ぶこと。

殺生の罪

『吾妻鏡』は、鎌倉幕府の「正史」であり、幕府にとって都合の悪いことを省く傾向にある史料である。鎌倉幕府にとって、由比ヶ浜の漁師は決して重要人物ではありえない。それにもかかわらず、あえてその往生が頼朝によって称賛されたことが記録されたのである。頼朝は、ただ単に理想的な臨終を遂げる者がおり、往生のしるしを確認できたから称賛したのではないだろう。魚を殺すこと、つまりは殺生を生業《なりわい》とする漁師であるにもかかわらず往生したからこそ、大いに称賛したのである。

当時の一般認識は、殺生の罪を犯す者は地獄に堕ちる、というものであった。『往生要集』にも、殺生をした者は等活地獄《とうかつじごく》に堕ちる、とされている。

さらに、親鸞の弟子唯円が著した『歎異抄《たんにしょう》』でも、親鸞は「決して悪は往生の妨げになるはずだというのではない」とした上で、「海や河で網を引いたり釣りをしたりして生計を立てている人も、野山で獣を狩り鳥を捕まえて命をつないでいる人も、商売をしたり農耕をして生活している人も、皆同じことである。というのは、しかるべき因縁が働きあらわれるのならば、誰でもどのような行ないもするようになるだろう」と述べた、とされている。一般的に、漁師などの往生は難しいと考えられていたからこそ、あえてこのように述べられたのである。唯円はこの頃、いかにも後世の極楽往生を願う念仏者らしいふりをして善いことをしている者だけが念仏を唱える資格があるかのようにいったり、もしくは、念仏道場に張り紙をして「これこれのことをした者は道場に入ってはいけない」などとしたりすることを非難している。実際のところ、このようなことが多くあったからだろう。漁師などは、日ごろから殺生という悪の行為をしているから往生できないと考えられ、念仏道場に入れてもらえないようなこともあったのではないだろうか。

また、『古事談《こじだん》』では、理想的な武士とされていた源義家は、懺悔の心がないことにより無間地獄《むげんじごく》に堕ちた、と語られている。[8] 無間地獄とは、地獄の中でも最も悪人が堕ちるとされる地獄である。

ただし、そのような考え方の一方で、説話や往生伝には、簡単な善行によって往生できたとする話も多くあり、極楽浄土の中でも上品上生《じょうぼんじょうしょう》から下品下生《げぼんげしょう》まで九種類ある浄土のうち、下位の浄土であれば殺生を生業とする者も往生できるとも考えられていたのである。[9] そうでなければ、多くの人間は往生できなくなってしまい、仏教は信仰を集めることなどできない。

さて、頼朝にとっても殺生の罪は決して他人事ではなかった。なぜならば、武士だからである。頼朝も、平家一門や弟義経をはじめとして、非常に多くの人々を殺害してきた。殺生の罪を犯してきた自覚が大いにあったのであろう。なぜならば、手にかけた人々の怨霊を恐れ、盛んに供養をしていたからである。[10] 頼朝は、「罪人」としての

(8) 藤原宗忠の日記『中右記』天仁元年（一一〇八）正月二九日条では、源義家の息子義親が平正盛に討たれたことについて、義家が長年武士の長者として多くの「罪人」を殺し、悪を積みすぎたためにその罰が子孫に及んだのではないか、とされている。

(9) 苅米一志『殺生と往生のあいだ——中世仏教と民衆生活』吉川弘文館、二〇一五年。

(10) 前掲註1、山田雄司論文。

自意識をもっていたからこそ、漁師の往生に感激し、ことさらに称賛したのではないだろうか。漁師は往生できないという先入観があったにもかかわらず、見事な臨終であり往生のしるしもあったことに、心を動かされたのである。もしかすると、頼朝は、漁師が往生できるのならば自分も往生できる、そう思ったのかもしれない。

叶わぬ往生

頼朝は、建久九年（一一九八）の末に病となり、翌年正月一一日に出家し、一三日に亡くなった。五三歳であった。『吾妻鏡』では、建久七年正月から同一〇年正月までの記事が欠けている。ただし、近衛家実《このえいえざね》の日記『猪熊関白記《いのくまかんぱくき》』建久一〇年一月一八日条には、頼朝が重篤な「飲水」病、つまりは糖尿病により出家したという噂を聞いた、と記録されている。ちなみに、京都にいる近衛家実がこれを記したときにはすでに頼朝は亡くなっており、若干の時間差がある。同じく京都にいた藤原定家《ふじわらのさだいえ》は、日記『明月記』一月二〇日条で、死因について「急病だったのだろうか」としている。近衛家実も藤原定家も、京都で伝え聞いた話を書きとどめたかたちとなっており、詳細については記していない。さらに慈円《じえん》の『愚管抄《ぐかんしょう》』には、頼朝の訃報を耳にした人々は「夢か現《うつつ》か」と思った、とされている。『明月記』と『愚管抄』からは、頼朝の死が突然だったことがうかがい知れる。

それに対して、頼朝の死から一三年後の『吾妻鏡』建暦二年（一二一二）二月二八日条には、相模川の橋が腐り傷んでいることについての記述に続けて、「去る建久九年に、（稲毛）重成法師がこの橋を新造した。完成の供養を行なった日、結縁のために故将軍家（頼朝）が出かけられた。帰りに落馬されて、間もなくお亡くなりになられた」とある。

いずれの記事が頼朝の死を正しく伝えているのかは、判然としない。そうではあるものの、いずれにも、頼朝の臨終について、正念《しょうねん》であったとか、念仏を唱えて亡くなった、などとは書かれていない。もし臨終正念であれば、少なくとも『吾妻鏡』には書きとどめられたはずであろう。信心深かった頼朝は、由比ヶ浜の漁師のような最期を遂げたいと考えていたに違いない。しかし、それは叶わなかったのだろう。

歴史書『保暦間記《ほうりゃくかんき》』では、『吾妻鏡』をもとに、橋の落慶供養の帰路に、頼朝に滅ぼされた義経や行家らが現れて頼朝を睨みつけ、さらには壇ノ浦に沈んだ安徳天皇が海上から現れ、「今コソ見付《みつけ》タレ」といったとされている。その後、鎌倉に帰った頼朝は病気となり、ついに命を落としたという。『保暦間記』では、このことはひとえに平家の怨霊によるのであり、多数の人間を殺したためである、という見解が示されている。

平家一門をはじめとする多くの人々を死に追いやった頼朝。怨霊を過敏に意識し、災いがないよう供養を積極的に行なっていた。後世の人間も、頼朝が怨霊に祟られる条件を十分に備えた人物であり、往生できたとは考えなかったようである。

6. 自分のために腹を切る

——津戸三郎為守

法然の弟子、津戸三郎為守

津戸三郎為守《つのとのさぶろうためもり》（一一六三—一二四二）は、鎌倉幕府の御家人《ごけにん》である。[1] 建久六年（一一九五）、上洛した源頼朝に付き従い上京したときに、吉水《よしみず》の法然のもとを訪れ、専修《せんじゅ》念仏《ねんぶつ》[2]の教えを聴き、感銘を受けた。のちに浄土宗の開祖とされた法然（一一三三—一二一二）は、阿弥陀仏の本願を信じてひたすら念仏を唱えれば必ず極楽往生できる、と説いたのである。

法然の臨終行儀に対する考え方は、当初は源信の影響をうけていたものの、次第に変化していくことになる。[3] 六〇歳以降の法然は、日ごろから念仏をしている者の元には必ず阿弥陀仏の来迎があり、来迎《らいごう》は臨終正念《りんじゅうしょうねん》のためにある、とした。臨終正念と

（1）為守の伝記については、梶村昇『津戸三郎為守——法然上人をめぐる関東武者』（東方出版、二〇〇〇年）で詳しく論じられている。

（2）専修念仏　ひたすら阿弥陀仏の名を唱えることに専念すること。

（3）鈴木成元「臨終行儀について」『浄土学』二七、一九六〇年。

は、臨終時に心静かに乱れないことであり、とりわけ一心に阿弥陀仏を念じて極楽往生を願うことである。法然は、来迎により臨終正念となるから、往生できると説いた。また、日ごろの念仏を軽視し、臨終正念のみを祈る者が多くいるのは心得違いであると批判している。法然は、『往生浄土用心』で、日ごろから念仏を唱える者の臨終時には、浄土へと導く善知識《ぜんちしき》は必要なく、善知識を必要とするのは日ごろから念仏をせず、往生したいと思う心も持たない罪深い者であるとしている。

実際のところ、法然は、後白河法皇の第三皇女式子《しょくし》内親王《ないしんのう》（?—一二〇一）から臨終時の善知識になってほしいという依頼を受けたとき、内親王は日ごろから念仏をしているので善知識は不要である、と辞退している（「正如房《しょうにょぼう》へつかはす御返事」）。少なくとも六〇歳以降の法然は、臨終行儀を不要なものだと考えていたのである。[4]

また、鎌倉幕府の御家人であった大胡《おおごの》太郎《たろう》実秀《さねひで》（?—一二四六）に宛てた書簡「大胡の太郎実秀へつかはす御返事」では、「長年念仏を唱えていた者の臨終の様相が悪ければ、深く本願を信じず心を込めて往生を願わない者だったことによると考えなさい」としたためている。法然は、極楽往生する者の臨終の様相が悪いわけがない、と考えていたことになる。ひたすら念仏を唱えれば往生できるとはしつつも、信心や往生を願うことは必要であるとも考えていた。

このように法然は、信心や往生の願を伴う念仏が必要であり、臨終行儀をはじめと

（4）法然の臨終行儀に対する考え方については、小山聡子『親鸞の信仰と呪術――病気治療と臨終行儀』（吉川弘文館、二〇一三年）及び、小山聡子『浄土真宗とは何か――親鸞の教えとその系譜』（中公新書、中央公論新社、二〇一七年）で論じた。

する念仏以外の行は不要だとした。あくまでも称名念仏《しょうみょうねんぶつ》(5)が極楽往生のための唯一の行であり、もし称名念仏をするにあたり必要な行があればやればよいという立場であった。

為守のコンプレックス

為守は、京都で法然に会い、すっかり専修念仏の教えに魅せられた。鎌倉に帰り、ひたすら念仏を唱える為守。ところが、そんな為守は、周囲から「お前は無智の者だから念仏を勧められたのだ」などと冷たい言葉が放たれ、すっかり心をかき乱されてしまった。早速為守は、京都の法然に書簡をしたため、無智だから自分に念仏を勧めたのかを尋ねた。これに対して法然は、強く否定している(6)。法然は、阿弥陀仏の本願は智恵の有無に限らず、すべての人間のためのものであるとし、他人からこのような妄言をいわれても、心を乱してはいけない、と諭した(7)。

おそらく為守は、無智であることに大きなコンプレックスを持っていたのだろう。とかく、自信がない点を他人から指摘されると、動揺するものである。ちなみに為守は、法然入滅後にも、再び無智だと往生できないのではないかと不安を抱くようになり、法然の高弟証空《しょうくう》に書簡を送り、問い合わせている。法然から太鼓判をもらっても、なお不安を抱くとは、よほど自分の無智を気にかけていたのだろう。

(5) 称名念仏　阿弥陀仏の名を口に唱えること。

(6) 建久六年(一一九五)九月一八日付書簡より。

(7) 法然から為守への返事は、親鸞が師法然の法語や書簡などを編纂した『西方指南抄《さいほうしなんしょう》』や、法然の伝記『九巻伝《くかんでん》』(『法然上人伝記』)、『四十八巻伝《しじゅうはちかんでん》』(『法然上人行状絵図《ほうねんしょうにんぎょうじょうえず》』)などに収録されている。

ただし、この点については為守の心の問題だけではない。実際のところ、問い合わせ先の証空は、念仏とは仏を念ずるということであり、仏を念ずるとはその仏の因縁を知りその功徳を念ずることであり、それこそが真の念仏であると説いていた。(8) 実際のところ、為守が証空に書簡を送ったのも、無智の者は念仏をしても、さらには臨終が静かであったとしても往生できたと思ってはいけないと証空がいっているという話を耳にしたからである。少なからず、このような考え方が蔓延していたからこそ、為守の不安はなかなか解消されなかったのだろう。

為守の信仰

専修念仏の教えに魅せられた為守。では、はたして為守は念仏のみに専修していたのだろうか。実はそうではない。なぜならば、法然が為守に対して、一家の人々の善事を祈る願に結縁《けちえん》し援助することは問題ない、としているからである。(9) 法然はこの書簡中で、念仏の行を妨げることだけが止めなくてはいけないことであり、堂や仏像を造り、写経し、僧侶を供養するのは、専修念仏の邪魔にはならないのだからしてもよいのだ、という見解を示している。

このようなことを法然がしたためた理由は、為守が法然に念仏以外の行をしてもよいかどうかを質問したからにほかならない。為守は、念仏のみに専修していたのでは

(8)『女院聞書《にょいんききがき》』より。前掲註4、小山聡子著書。

(9)『西方指南抄』収録の九月一八日付書簡より。

なく、この時代に一般的とされていた行も、一族の者たちとともに行ないたいと考えたのである。おそらく、法然からこのような返事をもらった為守は、念仏に加えて写経なども心置きなく行なったことであろう。

為守が選んだ自害往生

法然に帰依した為守ではあったが、その死のあり方は法然の教えとは程遠いものであった。為守の死については、親鸞が『西方指南抄』の中で書いている。『西方指南抄』は、法然の伝記や法語などを書写した史料であるが、親鸞自身の言葉と考えられる箇所もある。以下の箇所は、法然による建久六年九月一八日付津戸三郎為守宛書簡の書写の後に書かれたものであり、親鸞による注記の可能性がある。まず、為守は、大胡実秀らとともに「聖人《しょうにん》根本の弟子」と位置付けられている。その上で、為守の往生について次のようにある。

津戸は八一歳で、自害してめでたく往生を遂げた。故法然聖人往生の年であるから、したのである。もしかしたら正月二五日などであったのだろうか。詳しく尋ねて書きつけなくてはいけない。

もしこれが親鸞による注記ではなく、単なる書写だとしても、親鸞はここに書かれているることを肯定したからこそ記したのだと考えられる。もし自害による往生がとんでもないことであると思ったならば、書写などしないだろう。ちなみに正月二五日は、法然の忌日である。為守が法然の亡くなった年齢を意識して自害したことから、日にちも同じなのではないかとされているのである。親鸞は、為守の自害往生について伝え聞き、興味を抱いたのであった。

為守の自害往生については、『九巻伝』で詳しく語られている。『九巻伝』は、あくまでも伝記であるから、歴史的事実を忠実に記したものではなく、脚色も多くされている。為守の自害往生の内容は、以下のとおりである。

法然上人の入滅後、極楽浄土に少しでも早く往生したいという為守の念願はますます高まっていった。そうしたところ、仁治三年（一二四二）一〇月二八日から二一日間、法然の門弟らを集めて別時念仏《べつじねんぶつ》(10)を行なった。その結願《けちがん》の日にあたる一一月一八日の夜半、高声《こうしょう》で念仏を数百回唱えたのち、こっそりと腹を切り、中の臓器をすべて取り出して包み、それを童子に渡して川に捨てさせたのである。夜中の出来事だったので、周囲の者はこれにまったく気が付かなかった。その後、為守は、周囲の僧らに「釈迦《しゃか》は八〇歳で入滅し、法然上人も八〇歳で往生されま

(10) 別時念仏　日を限って行なう念仏のこと。

した。この尊顔《そんがん》（為守の出家後の名）は満八〇歳です。第一八は阿弥陀仏の念仏往生の願であり、今日は一八日です。もし今日往生できたのならば、なんと素晴らしいことでしょう」と語った。ところが、一八日に死ぬことはなかった。腹を切って臓器まで取り出し捨てたにもかかわらず、まったく痛みもなく、念仏をし続けていた。七日経っても死ぬ気配がないので、うがいの水によって生き延びてしまっているのだろうと考え、うがいをやめた。それでも弱ることはなく、なんと疵《きず》は治ってしまったのであった。そして、死ぬことができないまま、正月一日になった。長年、為守は正月一日には臨終の儀式をし、いつか来る臨終に備えていた。そこで、「そうか。今日往生することになっているから、腹を切ったのちも生き延びていたのですか」と悦び、しきりに念仏をしたけれども、死ぬことはできない。そしてついに一三日の夢に法然が現われ、「来る一五日の午剋に迎えに行きますよ」と告げたのである。これに随喜《ずいき》した為守は、ますます念仏に励み、一五日になって法然から賜った袈裟を掛け、極楽浄土がある西を向き、高声で念仏を数回唱え、午の剋に念仏とともに息絶えたのであった。紫雲《しうん》が現れ、部屋中に異香《いこう》が満ちあふれていた。為守の自害往生に関しては、鎌倉の将軍家からもお尋ねがあったので、特に詳しく記した。

『西方指南抄』にも為守の自害往生が記されているので、たしかに為守は往生を遂げるために自害したのだろう。とはいえ、常識的に考えれば、腹を切って臓器を取り出したりなどすれば、当然のことながら人間はすぐに死ぬだろう。苦痛もなく傷口も治癒し、二か月弱も生きたとあえて記したのは、臨終に正念を保てたことを強調するために創作された話だと考えられる。なぜならば、苦痛に呻いていたのでは正念など叶わないからである。

臨終正念は非常に難しい。

『四十八巻伝』の為守の往生の様子。こけた頬と衰弱した身体で描かれている。

臨終時には、意識不明になったり、苦しんだりすることがほとんどであり、集中して念仏をして息絶えるなどということはなかなかできるものではない。信心深く極楽往生を目指したであろう藤原道長や源頼朝であっても、理想として思い描いていた臨終ではなかったのである。そこで考え出されたのが、集中して念仏をした上で自害をして果てるという死に方である。為守は、確実に極楽往生するために、病や老衰による死ではなく、自害による死を選択したのであった。この時代、自害往生をする者はときどきいたものの、多くは入水自殺であり、為守のような割腹自殺は珍しい。武士ならではの自害だったのであろう。

『九巻伝』では、為守が往生した証拠として紫雲と異香を挙げている。これらは、往生のしるしとしてしばしば往生伝でも取り上げられる事柄である。紫雲は来迎した阿弥陀仏や菩薩たちが乗る雲、異香は阿弥陀仏から発せられるこの世のものとは思えないような不可思議な香りのことである。

自害往生の良し悪し

自害往生に関しては賛否両論があった。まず、『西方指南抄』や『九巻伝』では、自害往生について否定的な見解はまったく示されていない。一方、『四十八巻伝』には、為守の自害往生について述べたあとに、次のように諌める文言が付されているのである。

ただここでは、尊願の不可思議な珍しい話を載せただけである。他人に自害往生を好んで行なえということではない。大体、大昔の優れた能力を持った人のことは、さしあたり触れないでおく。末代である現在の行者は悟りに至る能力が劣っているので、たとえ思い立つ者があったとしても、その期に臨んで、もしかしたら後悔の一念が起こるかもしれない。そうであるのならば、何の甲斐があるだろうか。法然上人も、「生きているあいだは念仏の功徳が積もり、死ねば往生を疑わない。いずれにしても、この身には思い煩《わずら》うことはないと心得て、心をこめて念仏して、生涯をまっとうしなさい」と禅勝房に教え授けられた。鎮西《ちんぜい》の聖光《しょうこう》房《ぼう》も、「自害往生、焼身往生、入水往生、断食往生などのことは、末代にはよく考えて判断しなさい」と戒めおかれたということである。決して好んで行なってはならない。深く法然上人の勧め導かれる教えを信じて、常に怠ることなく命が終わるまで念仏行を勤めなくてはならないのである。

病や老衰により臨終を迎え、正念を保つことは非常に難しい。そこで、その解決法として自害往生が考えだされたのである。ところが、自害往生にも大いに問題がある。

『四十八巻伝』では、その問題点について、いくら臨終時に集中して念仏したとしても、自害しようとしたその瞬間に後悔の心が生み出されてしまうことだ、とされている。そうなってしまっては、臨終正念とはほど遠い状態となり、往生は叶わなくなってしまう。

そもそも仏教には殺生戒がある。自害がこれに該当するか否かは見解が分かれるところではあるものの、とりあえず戒の問題はここではまったく問題にされていない。そのようなことよりも、自害往生が、かえって往生の障りとなることを問題視しているのである。自害は、苦痛を伴う。つい生に執着してしまったり、襲いかかる苦しみに耐えきれず動揺し自害したことを後悔してしまったりするのが、煩悩を抱えたわれら人間というものであろう。自害往生は、現代の感覚からすると驚くべき方法であるものの、その是非が議論の対象とされていることからも、中世にはときどき行なわれていたのだと考えられる。

前述したように、為守の師である法然は、日ごろから念仏している者には臨終行儀は不要だとしていた。それにもかかわらず、為守は自害をしてまで臨終行儀にこだわった。このような弟子は為守だけではない。浄土宗第三祖とされる良忠《りょうちゅう》（一一九九―一二八七）は臨終行儀書『看病用心抄』を書いているし、『四十八巻伝』には臨終行儀をした弟子が実に多く出てくる。法然が臨終行儀は不要だと説いても、弟子たちは、なお臨終行儀による往生を試み続けたのであった。臨終行儀をせずに息を引き取るのは、相当勇気がいる行為だったのだろう。臨終行儀への執着には、すさまじいものがある。彼らの「終活」への関心は、現代に生きる日本人と比べてはるかに強いものだったのである。

7. 妻子は往生の妨げ——北条時頼

五代執権、北条時頼

鎌倉幕府では、三代将軍　源　実朝《みなもとのさねとも》の死をもって頼朝の血を引く源氏将軍が絶えたのち、京都から将軍を迎えるようになっていた。北条氏の嫡流（のちに得宗《とくそう》と呼ばれる）が執権《しっけん》となり、将軍に代わり政治を行なっていたのである。とりわけ鎌倉幕府五代執権の北条時頼《ほうじょうときより》（一二二七―一二六三）の頃から、政治的指導力を発揮し、執権の権力が強大になっていった。時頼の時期に、得宗家の専制体制が確立した。時頼は、反対勢力の名越光時《なごえみつとき》を抑え、名越の背後にいたと考えられた四代将軍九条頼経《くじょうよりつね》を京都へ送還し、頼経の子、頼嗣《よりつぐ》を新将軍に据えた。

さらに、北条泰時《ほうじょうやすとき》の女《むすめ》婿として威をふるっていた三浦泰村《みうらやすむら》と、時頼の外祖父、安《あ》達景盛《だちかげもり》が対立することになる。時頼は、安達氏と手を結び、敵対する三浦氏を滅亡させた。宝治合戦《ほうじかっせん》とよばれるこの合戦により、反対勢力の中心を没落させることになり、執権北条氏の独裁体制を確立することとなった。

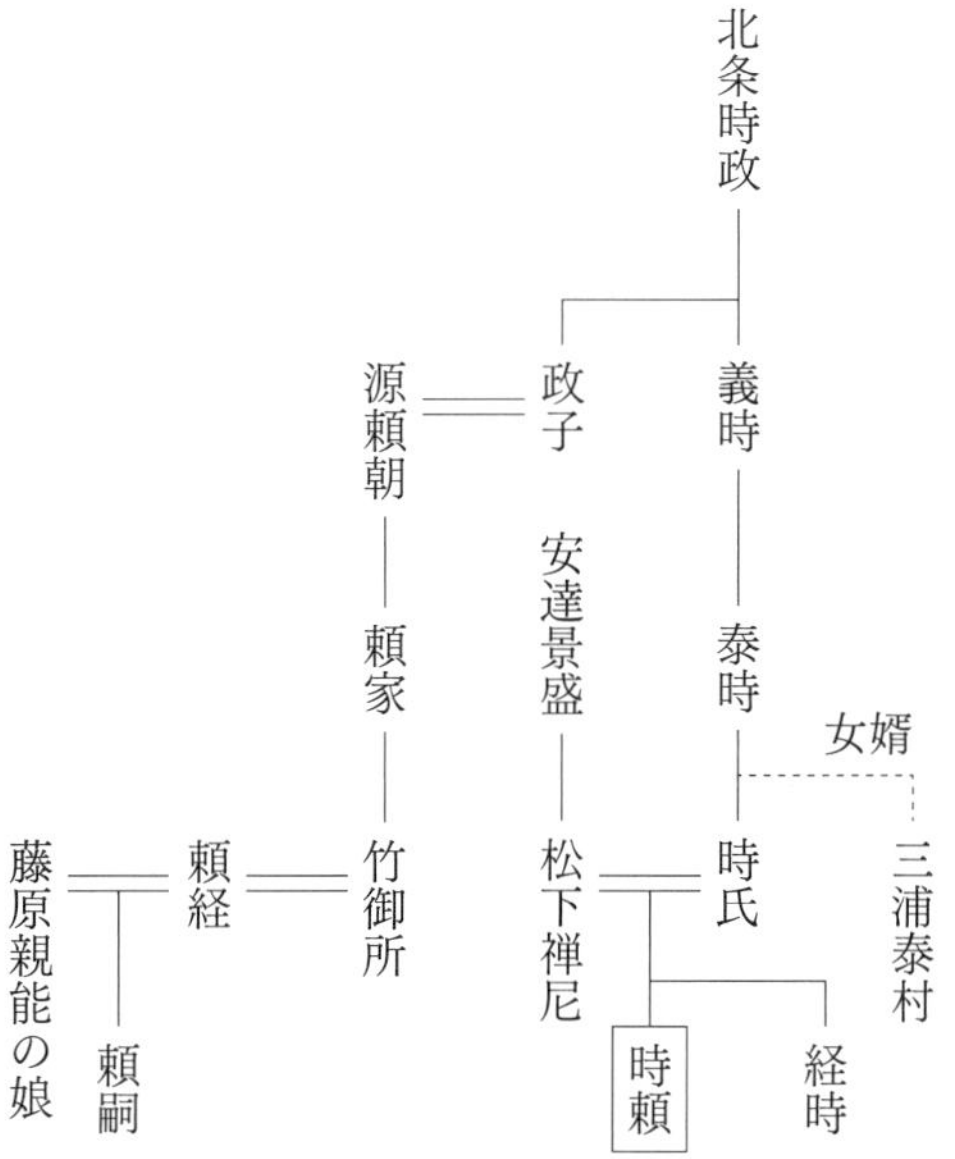

仏教への帰依

中世前期は、顕密仏教を中心に仏教が興隆した時代である。鎌倉幕府でも天台宗と真言宗の僧侶を中心に大規模な祈禱が行なわれていた。北条時頼も、仏教に厚く帰依したことで知られている。特に天台宗寺門派の園城寺《おんじょうじ》の僧、隆弁《りゅうべん》（一二〇八―一二八三）は、時頼の護持僧《ごじそう》(1)でもあり、重用されていた。宝治元年（一二四七）の宝治合戦では、時頼方として戦勝祈願の祈禱に唯一携わり、時頼の絶大な信頼を勝ち得、鶴岡八幡宮別当《べっとう》に補任され、死没するまで別当の地位を動かなかった。ちなみに、別当とは、一山の寺務を総裁する者のことである。

『吾妻鏡《あづまかがみ》』には、時頼が隆弁の法験に頼ったことがしばしば記されている。たとえば建長二年（一二五〇）一二月五日条には、時頼の妻の懐妊により隆弁に着帯の加持(2)を依頼する必要があり、京都にいる隆弁のもとに急使を遣わしたとされている。そして五月一五日には、隆弁も出産の加持に加わり、無事に男児（のちの北条時宗）が誕生している。『吾妻鏡』には、出産の日時は隆弁の予言した日時であったとされている。時頼は、恩賞として隆弁に能登国諸橋保《のとのくにもろはしほ》を譲り、このたびの男児の安産はすべて隆弁の法験によるものであると深謝したということである。このほかにも、隆弁は、時頼から大いに頼りにされ、数々の祈禱を依頼され、のちには園城寺別当となり、その興隆を切望し、幕府からの園城寺への肩入れを得ている。隆弁は、四〇年近く、鎌倉仏教界に君臨することになったのである。

時頼は、隆弁の法験だけに依存していたのではない。たとえば真言僧の良基《りょうき》は、弘長三年（一二六三）一一月、時頼が重病となったときには、等身の千手観音菩薩像の

(1) 護持僧　身体を守るために置かれた加持祈禱をする僧。

(2) 妊婦の腹部に帯を締めさせて行なう安産の祈禱。

供養の儀が行なわれた折の導師となったり、不動護摩を行なったりしている。[3] 時頼は、後述する禅への傾倒以後も、天台、真言の顕密の教行を重んじたのであった。

禅への傾倒

時頼は、禅に傾倒したことでも知られている。曹洞宗の開祖、道元《どうげん》が越前国《えちぜんのくに》の永平寺《じ》から鎌倉を訪れたとき、時頼も教えを受けたと伝えられている。[4] ちなみに、一五世紀頃に編まれた道元の伝記『建撕記《けんぜいき》』では、道元は菩薩戒を時頼に授けたとされている。

禅に強い関心を抱いた時頼は、南宋から渡来していた禅僧、蘭渓道隆《らんけいどうりゅう》のもとを訪ねて禅の教えを受け、建長五年（一二五三）には建長寺を創建して蘭渓道隆を開山としている。蘭渓道隆は、政務に精力を傾けつつも熱心に禅の教えを学ぼうとする時頼を、非常に高く評価していた。[5] その後、時頼は蘭渓道隆から受戒して出家し、最明寺入道道崇となる。

弘長元年（一二六一）の秋ごろ、時頼は禅の修行を進めるにつれ、蘭渓道隆の指導に次第に満足がいかなくなってきたのか、南宋からの渡来僧の兀庵普寧《ごったんふねい》（?—一二七六）を建長寺に迎え入れている。[6] 兀庵も、仏教に対する時頼の態度を高く評価した。

時頼は、死の前年にあたる弘長二年（一二六二）一〇月一六日、兀庵と問答をしていたところ、突然に悟りを得た。[7] ちなみに、時頼が禅に求めたものについては、従来、

(3) 良基については、平雅行「鎌倉真言派と松殿法印——良基と静尊」『人間文化研究』三五（二〇一五年）で詳しく論じられている。
(4) 高橋慎一朗『北条時頼』（人物叢書）吉川弘文館、二〇一三年。
(5) 前掲註4、高橋慎一朗著書。
(6) 市川浩史『吾妻鏡の思想史——北条時頼を読む』吉川弘文館、二〇〇二年。
(7) 「住巨福山建長興国禅寺語録」『兀庵和尚語録』所収。

統治者としての儒教的な教養の習得や、[8]悟りの獲得、[9]心の平安のため、[10]と指摘されている。おそらく、生真面目な性格であった時頼にとっては、禅は儒教的修養にも役立っただろうし、心の平安にもつながったことだろう。

禅と臨終行儀

禅にかかわる臨終行儀については、北宋の長蘆宗賾《ちょうろそうさく》が崇寧二年（一一〇三）に編集した『禅苑清規《ぜんおんしんぎ》』を挙げることができる。まず第四巻には、「延寿堂」[11]の看病法や重病人を収容する「重病閣」についての記述がある。さらに第七巻には臨終に近い病僧のために阿弥陀仏を十念《じゅうねん》すべきことなどが見える。

ただし、日本では禅にかかわる臨終行儀に言及する史料は少ない。たとえば、日本の臨済宗の開祖とされる栄西は、人間には生もなく死もないとする思想を持ち、禅の教えは生死を超克したところにある、とした。

さらに、曹洞宗の開祖とされる道元の一二巻本『正法眼蔵《しょうぼうげんぞう》』では、『禅苑清規』が引用されているものの、臨終行儀にかかわる箇所はまったく引用されず、善知識《ぜんちしき》についても触れられていない。[12]さらに、道元の著した修行規程を後世にまとめた『永平清規《えいへいしんぎ》』にも、病僧や「延寿堂」については触れられていない。[13]これらからは、臨終正念が重視される風潮のなかでの、道元の意識をうかがい知ることができる。道元は、生

（8）川添昭二『北条時宗』（人物叢書）吉川弘文館、二〇〇一年。

（9）海老名尚「北条得宗家の禅宗受容とその意義」『北海史論』二〇、二〇〇〇年。

（10）橋本雄「北条得宗家の禅宗信仰をめぐって――時頼・時宗を中心に」西山美香編『アジア遊学一四二 古代中世日本の内なる「禅」』勉誠出版、二〇一一年。

（11）**延寿堂** 病気の僧を収容する堂。

（12）笹田教彰「臨命終時考――十二巻本『正法眼蔵』の構想をめぐって」『佛教大学仏教学部論集』九八、二〇一四年。

（13）近世になると、臨終行儀につながる記述も確認できる。この点については、神居文彰・田宮仁・長谷川匡俊・藤腹明子『臨終行儀――日本的ターミナル・ケアの原点』（溪水社、一九九三年）で指摘されている。

と死を相対的に捉えず、「生死即涅槃《しょうじそくねはん》」という死生観に立ち、生死を厭うことなく、涅槃を願うことがなくなったときに、苦である生死から解放されると考えていた。(14)

こだわりの臨終

さて、北条時頼の死については、『吾妻鏡《あづまかがみ》』で詳述されている。『吾妻鏡』は、一四世紀初頭に得宗家の側からその正統性を主張した、鎌倉幕府の公式的な記録である。『吾妻鏡』編纂者は、編纂当時、得宗家周辺にいた人物であると考えられている。得宗家の意向を受け、初代将軍頼朝から時頼の嫡子で八代執権時宗《ときむね》までの、幕府及び北条氏を中心とした政権の歴史をまとめたのである。(15)『吾妻鏡』は、とりわけ得宗家を正統化して叙述した歴史書である。したがって、時頼の死についても理想化するかたちで記録された可能性は大いにある。

『吾妻鏡』によると、弘長三年(一二六三)八月より、時頼は病に悩まされていた。病は一一月に入るとさらに悪化し、八日には等身千手観音菩薩像の供養の儀や千手陀羅尼の読誦、延命護摩、等身薬師如来像の供養の儀などが行なわれた。さらに、一三日には危篤となり、法華護摩などが、一五日には不動護摩、三時の護身がなされた。一九日には心静かに臨終することを思い立ち、かつて建立した最明寺の北亭に移ることになる。このとき、北条氏嫡流に直属する家臣である得宗被官である御内人《みうちびと》、尾藤《びとう》

(14) 佐々木馨『生と死の日本思想——現代の死生観と中世仏教の思想』トランスビュー、二〇〇二年。

(15)『吾妻鏡』をもとに北条時頼の時代における政治思想について論述したものとしては、たとえば、前掲註6、市川浩史著書を挙げることができる。

景氏《かげうじ》と宿屋光則《やどやみつのり》らに、人が集まってくるのを禁じるように命じたということである。二〇日、尾藤景氏と宿屋光則の二人が時頼の命令を守り人々の群参を禁じたため、ひっそりとする中、「御終焉一念」に及んだ。『吾妻鏡』では、看病のため近くに仕えたものとして、武田政綱《たけだまさつな》、南部実光《なんぶさねみつ》、平時綱《たいらのときつな》、工藤光泰《くどうみつやす》、尾藤景氏、宿屋光則、安東光成《あんどうみつなり》の七人の名が挙げられ、他には人はなかった、とされている。特に信頼する家臣が最期の看病人として選ばれたことになるだろう。

ついに一一月二二日、時頼は三七歳で息を引きとることになる。臨終の様子について、『吾妻鏡』には次のように記されている。

最明寺北亭で死去した。ご臨終の様子は、袈裟を着て縄床《じょうしょう》にのぼり座禅され、少しも動揺の気配はなかった。頌《じゅ》（詩句）は次の通りである。

業鏡高く懸ぐ　三七年　一槌に打砕して　大道坦然たり

弘長三年一一月二二日　道崇珍重々々

平生、武略で主君を補佐し、仁義を施して民を撫育した。こうして天意に達し、人望に適った。臨終のときには、叉手《しゃしゅ》して印を結び、口に頌を唱えて、即身成仏《そくしんじょうぶつ》の瑞相《ずいそう》を現した。もともと権化《ごんげ》の再来である。誰がこれに異論を唱えることができるだろうか。

時頼が臨終時に唱えた頌は、オリジナルではなく、宋の育王山の笑翁妙堪《しょうおうみょうたん》という僧の遺偈にある「七二年」を「三七年」に変えたものである。本当にこの頌を時頼が臨終時に唱えたかどうかは定かではなく、鎌倉幕府の公式記録である『吾妻鏡』の編纂者が潤色したのだという説や、蘭渓道隆の影響により時頼が唱えたのであるという説がある。ちなみに、この頌は、『鎌倉年代記裏書《うらがき》』や兀庵の門弟東巌慧安《とうがんえあん》の伝記『東巌安禅師行実』にも載せられている。頌を唱え、袈裟を着け、座禅をして息を引きとるのは、禅の高僧の理想的な入滅のあり方である。また、時頼ほどの身分の者の臨終時には、多くの場合、善知識が招かれる。ところが、『吾妻鏡』によると時頼の臨終時には善知識が招かれてはいない。これは、時頼の臨終行儀の一つの特色である。時頼が禅の信仰を持っていたからであろうか。

実際に時頼の臨終のさまが『吾妻鏡』のとおりであったかどうかは、看病人による記録などはないのでわからないものの、少なくともこのような臨終のさまが時頼の臨終のありようとして理想的だ、と考えられていたことは間違いない。

臨終行儀と密教

「縄床」という禅僧が用いる腰掛に座禅をして頌を唱え息を引き取ることは、禅僧としての理想的な死に方である。その上、このとき時頼は、禅林の礼法の一つである

「叉手」、すなわち胸の前で両手も重ねた、とされている。

ただし、『吾妻鏡』にある時頼の臨終行儀には、禅のみではなく、密教の要素も確認できるのである。たとえば、手に印を結ぶ行為は、明らかに密教の行業である。時頼の臨終行儀は、禅と密教が混じるかたちのものであった。[16] 前述したように、時頼の信仰は、禅に限定せず、禅と密教の融合したものであった。それだからこそ、禅と密教が融合するかたちの臨終行儀が『吾妻鏡』に記されたのであろう。

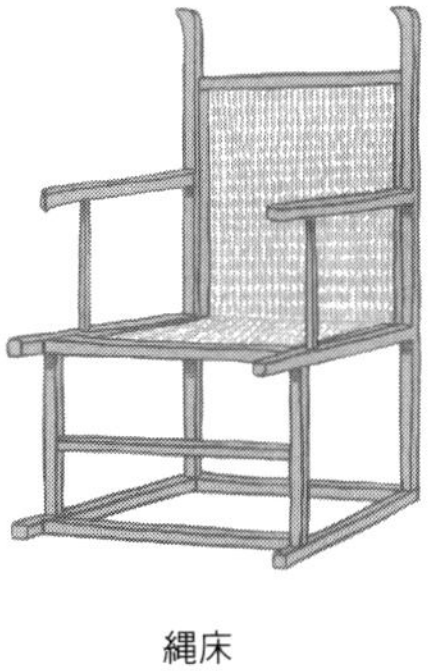
縄床

臨終行儀に密教をとりいれたとされる執権は、時頼だけではない。頼朝の妻北条《ほうじょう》政子《まさこ》の弟で、二代執権の北条義時《ほうじょうよしとき》も同様である。『吾妻鏡』貞応三年（一二二四）六月一三日条には、丹後律師（頼暁《らいぎょう》）を善知識として、手には外縛印《げばくいん》[17]を結び、念仏を数十回唱えたのちに息を引きとった、とされている。執権の臨終行儀に密教の行業がとりいれられたとされた理由は、鎌倉の武士が顕教《けんぎょう》阿弥陀信仰や禅の信仰だけではなく、密教の信仰ももっていたからに他ならない。鎌倉武士は、『往生要集』や真言系の臨終行儀書に基づく基本的な臨終行儀だけではなく、自身の信仰に合わせたかたちの、多様な臨終行儀を志していたのだろう。義時が実際にこのようにして亡くなった

(16) 前掲註6、市川浩史著書。

(17) 外縛印　密教で、左右の指を交差して手を組む印契《いんげい》の一種。その際すべての指は外側に出す。

かどうかは定かではないものの、『吾妻鏡』では、これを正しい臨終のあり方として称賛している。『吾妻鏡』編纂時、編纂をした者たちがこのような臨終のありようがふさわしいと考えたことは、間違いない。

ちなみに、法然の伝記『四十八巻伝《しじゅうはちかんでん》』では、時頼は、西方に阿弥陀仏の画像をかけて椅子に座り、息を少しも乱すことなく合掌して息絶えたとされている。ここでは、時頼と阿弥陀信仰が結び付けられている。このような臨終の姿が語られているのも、時頼が多様な信仰をもっていたことの証であろう。

妻子は往生の妨げに

前述したように、時頼は、臨終時に信頼する家臣のみを看病人として選び祗候させた、と伝えられている。『吾妻鏡』によれば、妻子は臨終に立ち会っていないことになる。当時、臨終時における妻子の立ち会いは、しばしば憚られていたのである。なぜならば、妻子が臨終の床に侍ると、執着の心が生じてしまい、往生が妨げられるとされていたからである。妻子による往生の妨害については、説話でも面白おかしく語られている。

仏教説話集『沙石集《しゃせきしゅう》』（一三世紀成立）には、ある山寺の法師が、臨終時の妻の行動のせいで臨終行儀に失敗した話がある。そもそも僧は不婬戒という戒律を守る必要がある。不婬戒とは、性的な交わりを一切してはいけないとする戒のことである。ところが、この山寺の法師は、誘惑に負けて妻をもうけていた。あるとき病気で寝込み、妻が非常に手厚い看護をしてくれるのを見た法師は、「弟子などがこれほどまでに看病してくれるのは稀だ」と、妻をもってよかったと実感するのである。さて、この法師にもいよいよ臨終のときがやってきた。法師は、これで最後だと思い、端座合掌して西に向かって念仏した。ところがなんとしたことか、妻が「我を捨てて、いづくへおはするぞ。あら悲し（私を捨ててどこへお行きになるのですか。ああ悲しい）」といって首に抱きついたのである。法師は「あな口惜し。心安く臨終せさせよや（ああ情けない。心静かに臨終させてくれ）」といって起き上がり念仏したものの、妻によって何回も何回も引き倒されてしまった。結局、法師はなんとかして極楽往生しようと声を張り上げて念仏をしたけれども、引き倒され抱きつかれたまま事切れてしまったのであった。

『沙石集』の著者、無住《むじゅう》（一二二六―一三一二）は、「これほどのことは稀だけれど、臨終時に妻子が並んで座り、悲しみ泣いて慕うのを見れば、資質の劣った者にはどうして臨終の障害とならないであろうか」と結んでいる。当然のことながら、妻に抱きつかれて死んだ山寺の法師は、極楽往生できなかったのだろう。これは、法師であるにもかかわらず誘惑に負けて妻をもうけてしまったせいであり、冷たい言い方ではあるが、「身から出た錆」である。

臨終時に妻子を寄せ付けないことには、意味がある。『吾妻鏡』では、時頼が家臣のみを看病人としたとすることにより、現世への執着心を断ち切り、臨終時には障りがなかったことを強調したのだろう。『吾妻鏡』に詳述された時頼の臨終は、多様な信仰を反映し、妻子による妨げもない、理想的な最後であった。政治的指導力を発揮し厚い信仰心をもった偉大な執権の理想的な最後として、その信仰に沿った上で、叙述されたのである。

中世でも現代でも、心穏やかな臨終が理想的だとされている。ただし、穏やかな心をもたらすものは、大いに異なっている。たとえば、現代では家族に看取られて息を引きとることが幸せとされる。これは、病人の心に安心感がもたらされると考えられるからであろう。臨終正念が重要視されない現代では、阿弥陀仏や極楽浄土ではなく、家族の姿が心の中を占めていてもよいのである。中世人にとっては、考えられないことだろう。現代からすると、家族とは離れて迎えた時頼の臨終は、味気なく寂しい。一方、死に際に引き倒されるのはどうかと思うが、妻に抱きつかれて死ねる法師などは、幸せ者なのである。

8．死装束としての晴れ着――恵信尼

親鸞の妻、恵信尼

恵信尼《えしんに》（一一八二―一二六八頃）は京都の中級貴族三善為則《みよしためのり》の娘であり、のちに浄土真宗の開祖とされた親鸞の妻である。本来、僧侶には不婬戒《ふいんかい》がある。つまり、性的な交わりを戒によっていましめられている。しかし親鸞は、六角堂《ろっかくどう》に参籠したとき、本尊の救世観音菩薩《ぐぜかんのんぼさつ》から「行者宿報の偈《ぎょうじゃしゅくほうのげ》」を授けられ、観音自らが妻になることや極楽浄土に導くことなどを約束された、と伝えられている。

おそらく親鸞は、その後、京都で恵信尼と結婚したのだろう。いつの頃からか、親鸞は京都に住み、恵信尼は越後国《えちごのくに》に住むようになった。つまり、親鸞とは別居したことになる。別居の理由は定かではないものの、のちに恵信尼が末娘の覚信尼《かくしんに》に宛てた手紙からは親鸞を観音菩薩の化身として非常に尊敬していたことが読み取れるので、不仲ではなく、経済的な理由によるものだったのではないだろうか。

恵信尼は子どもに恵まれ、曾孫覚如の『口伝鈔《くでんしょう》』では男女六人の母、とされている。恵信尼の子どもとして、小黒《おぐろ》の女房、善鸞《ぜんらん》、栗沢《くりさわ》の信蓮房《しんれんぼう》明信《みょうしん》、益方《ますかた》の道性《どうしょう》(有房)、高野《たかの》の禅尼、覚信尼の六人が考えられるが、善鸞については他の女性とのあいだの息子である可能性もある。「小黒」「栗沢」「益方」「高野」は、いずれも現在の新潟県上越市板倉区周辺の地名なので、小黒の女房、栗沢の信蓮房、益方の道性、高野の禅尼の四人は、京都の親鸞とは別れ、恵信尼とともに越後国に下ったことになる。覚信尼は、京都で結婚し、親鸞のそば近くにおり、その最期も看取っている。

「恵信尼絵像」(龍谷大学大宮図書館所蔵)

夫、親鸞による臨終行儀の否定

親鸞は、末法の世であることを強く意識し、末法の世に生を享けた者は自力による修行をいくらしても決して往生できず、阿弥陀仏を信じて極楽往生したいと願い、念仏すれば必ず往生できると説いた。往生は臨終時に定まるのではない。阿弥陀仏から与えられた信心、すなわち他力の信心を得たその瞬間に定まるのである。このように親鸞は説いたのである。ちなみに他力とは、阿弥陀仏の本願の力を指す。

親鸞によると、臨終行儀は自力の行者が行なうものである。真実の信心を得た者は、臨終時まで待つ必要はないし、来迎《らいごう》を頼りにする必要もないとした。(1) 親鸞の師、法然が臨終行儀を不要とするのに対して、親鸞は自力の行者の行ないであると見なしてさらに強く否定したことになる。法然や親鸞が生きた時代には、臨終正念《りんじゅうしょうねん》を目指して多くの人が日ごろから念仏に励んでいた。それにもかかわらず、実際には正念を保って息を引き取るのは大変難解である。本当に正念を保たなくては往生できないのだろうか。そのような疑問を親鸞は抱き、経典などをもとに、それに対する答えを示したのだろう。臨終行儀を自力の行為として否定する考え方は、当時においては革新的だったはずである。

恵信尼のこだわり①五輪塔の建立

では、恵信尼の信仰とはどのようなものだったのだろうか。恵信尼は親鸞の妻として、とかく現代でも理想化して捉えられがちである。要するに、他力信心の重要性を強調した親鸞の妻であるから、恵信尼も同じ信仰を持っていたとされがちなのである。

(1)『末燈鈔《まっとうしょう》』第一書簡より。

しかし、それははたして正しいのだろうか。恵信尼の信仰は、晩年に京都の覚信尼に宛てて書いた書簡からある程度うかがい知ることができるので、書簡から恵信尼の信仰を見ていきたい。

文永元年（一二六四）の『恵信尼文書』第七通には、生きているうちに、なんとしても五輪塔を建てたいと記されている。

八三歳で寿命が尽きると物知りの人の書などに等しく書かれているというので、今年は死ぬ年だと覚悟しております。それなので、生きているあいだに卒塔婆《そとば》を建ててみたいものだと思い、五重の石の塔を七尺（二メートル強）の高さに注文しましたところ、塔師《とうし》が造ると申しますから、丁度よい石ができ次第建ててみたいと思っていました。ところが、前年に飢饉があり、益方の子や、それ以前からいた幼い子どもたちがたくさんおり、彼らを餓死させまいと思いますから、着物もろくに着ることもできず、白い着物も一枚も着ないでおりましたので……。

恵信尼は、生前に五重の石塔を建てようとしていた。しかし、飢饉により、孫などの世話に明け暮れる日々を過ごしていたようである。幼い子どもたちが餓死しないようにするのが精いっぱいで、自分の着物もろくにない苦境にあった。

第七通と同年に書かれた『恵信尼文書』第八通でも、覚信尼に次のようにしためている。

> 生きているうちに建ててみたいと思います。このたび準備も整い、こちらへもってくることになったと聞いておりますから、なんとしても生きているあいだに建ててみたいと思いますけれど、どうなるでしょうか。建つ前に死ぬようなことがあれば、子どもたちに建ててもらいたいと思っております。

恵信尼は、経済的に非常に困窮してはいたものの、五重の石塔の建立は、なんとしても諦められなかったのである。恵信尼が建立しようとしていた五重の石塔とは、いわゆる五輪塔のことである。建立の目的は、さまざまに指摘されてきたものの、やはり自身の極楽往生を実現させるためだったのだろう。[2] 五輪塔建立へのこだわりは強く、もし建立前に死んでしまった場合には、追善供養として子どもに建ててほしい、と願ったのである。

ただし、五輪塔の建立は、石を切り出すところから行なわねばならない。材料費と人件費を合わせると相当な価格になったはずである。前述したように、恵信尼は幼い子どもたちに食べさせる物も十分ではなく困窮していた。そのような状況にあっても、

(2) 藤島達朗『恵信尼公』(法蔵館、一九八四年)では親鸞の三回忌のためのものであるとされている。しかし、そうであるのならば親鸞の三回忌についてのことが書簡中に書かれているはずではないだろうか。また菊村紀彦『親鸞の妻・恵信尼』(雄山閣出版、一九九〇年)では、親鸞は自力の行ないである追善供養を否定していたので、恵信尼が夫の霊を供養するために石塔を建てようとしたとは考えられないとしている。しかし、菊村氏は、親鸞と恵信尼の信仰が同一だったことを前提として論じているが、実際には親鸞と恵信尼の信仰は同じではない。新保哲『親鸞と恵信尼』(晃洋書房、一九九〇年)では往生のために建立を計画したとされており、今井雅晴『親鸞と浄土真宗』(吉川弘文館、二〇〇三年)でも、極楽へ往生できるという安心感を得るために建立したかったのである、とされている。

五輪塔建立はどうしても譲れなかったのである。恵信尼の願うところによれば、建立できなかった場合、子どもたちが費用を出資することになるだろうが、遠慮などしていられなかったのだろう。子や孫はかわいい。しかし、自分のことも大事である。これは、いつの時代でも同じであろう。好意的にいえば、恵信尼の極楽往生を求める信念は、揺るぎないものだった、ということになる。

とにもかくにも、恵信尼の信仰心は厚かった。それは間違いない。ただし、注意しなくてはいけないのは、五輪塔の建立により極楽往生を願うことは、自力の行ないであるという点である。つまりは、夫である親鸞の信仰とは異なる信仰を持っていたことになるだろう。(3)

恵信尼のこだわり②死装束

さらに、文永四年(一二六七)九月七日の『恵信尼文書』第九通には、恵信尼の臨終についての考え方が示されている。これは、恵信尼が八六歳のときに覚信尼に宛てた書簡である。

小袖をたびたび頂戴しました。今は死装束として着る衣がありますので、嬉しさはなんとも申し上げようもありません。嬉しく、嬉しく思っております。

(3) 小山聡子『親鸞の信仰と呪術——病気治療と臨終行儀』吉川弘文館、二〇一三年。小山聡子『浄土真宗とは何か——親鸞の教えとその系譜』(中公新書)中央公論新社、二〇一七年。

郵便はがき

101-0021

お手数ですが切手をお貼りください

千代田区外神田
二丁目十八ー六

春秋社

愛読者カード係

*お送りいただいた個人情報は、書籍の発送および小社のマーケティングに利用させていただきます。

(フリガナ) お名前	(男・女)	歳	ご職業
ご住所 〒			
E-mail		電話	

※**新規注文書** ↓(本を新たに注文する場合のみご記入下さい。)

ご注文方法 □**書店で受け取り** □**直送(代金先払い)** 担当よりご連絡いたします。

書店名	地区	書名	冊
取次	この欄は小社で記入します		冊
			冊
			冊

創業100周年 春秋社 Shunjusha Publishing Company since 1918

ご購読ありがとうございます。このカードは、小社の今後の出版企画および読者の皆様とのご連絡に役立てたいと思いますので、ご記入の上お送り下さい。

〈本のタイトル〉※必ずご記入下さい

●お買い上げ書店名(　　　　地区　　　　　　書店　)

●本書に関するご感想、小社刊行物についてのご意見

※上記感想をホームページなどでご紹介させていただく場合があります。(諾・否)

●購読新聞	●本書を何でお知りになりましたか	●お買い求めになった動機
1. 朝日 2. 読売 3. 日経 4. 毎日 5. その他 (　　　　)	1. 書店で見て 2. 新聞の広告で (1)朝日 (2)読売 (3)日経 (4)その他 3. 書評で (　　　　紙・誌) 4. 人にすすめられて 5. その他	1. 著者のファン 2. テーマにひかれて 3. 装丁が良い 4. 帯の文章を読んで 5. その他 (　　　　)

●内容	●定価	●装丁
□満足 □普通 □不満足	□安い □普通 □高い	□良い □普通 □悪い

●最近読んで面白かった本　(著者)　　　　(出版社)

(書名)

㈱春秋社　電話 03-3255-9611　FAX 03-3253-1384　振替 00180-6-24861
E-mail:aidokusha@shunjusha.co.jp

恵信尼は、四〇歳前後が平均寿命であったこの時代としては大変な高齢であり、死が迫っていることをひしひしと感じていた。そのような中、覚信尼から送ってもらった小袖を死装束にしようと思っていたようである。恵信尼は、死装束があることを喜んでいる。臨終時の衣へのこだわりは、約半年後にしたためられた文永五年三月一二日の『恵信尼文書』第一〇通にも吐露されている。

綾の小袖を頂戴したことは、お礼の申し上げようもありません。今では、臨終のときを待つばかりですので、この小袖が最後であろうとばかり思われます。今までも、あなたから頂戴した綾の小袖をこそ臨終のときに着ようと思い、とっております。本当に嬉しく思っております。

覚信尼から送られてきた幾重かの小袖の中でも、綾織《あやおり》の小袖を死装束に決め、大切にとりおいていた。この時代、小袖は晴れ着であった。持っている衣の中でも、おそらく綾の小袖が最も美麗な小袖だったのだろう。恵信尼は、死装束を選ぶにあたり、日常生活で着ていた衣ではなく、美しい衣にこだわったのである。

恵信尼が臨終時の衣に強いこだわりを持った理由は、阿弥陀仏の来迎を得るためには着古した衣ではなく、美しい衣が必要だと考えたからだろう。『日本往生極楽記』をはじめとする往生伝からは、臨終時の浄衣への着替えが重要だったことがわかる。本書の第一章と第二章で指摘したように、阿弥陀仏はしばしば穢れや汚れを嫌うと考えられていたので、その来迎を得るためには浄衣への着替えが必要とされたのである。また、正念のためには、心を乱す原因となりかねない穢れや汚れをあらかじめ排除する必要もあったことだろう。

美麗な死装束では往生できない？

『往生要集』の影響を受けて著された『臨終行儀注記』では、臨終時の衣服や寝具は美麗なものはやめ、ちょうどよいものを用いるべきである、とされている。さらに、衣服や寝具について、もし厳かで美しいものであれば執着を増すし、粗悪なものであれば往生への道を妨げることになってしまうだろう、ともされている。ちなみに『臨終行儀注記』は、法相宗《ほっそうしゅう》と真言宗を兼学した学僧、湛秀《たんしゅう》（一〇六七—一一二二）による臨終行儀書である。

臨終時に美麗な服を着ることを諌めるのは、『臨終行儀注記』だけではない。たとえば、『孝養集《こうようしゅう》』(4)でも、衣と袈裟は美麗なものは避け、清くて普通のものを用いよ、とされている。臨終の衣に、美麗なものを選ぶ者が少なからずいたので、あえてそれ

（4）『孝養集』　真言僧の覚鑁（一〇九五—一一四三）によると伝えられるものの、密教の要素が薄く顕教的であることから、偽作と考えられる。

を諫める文言が加えられたのだろう。恵信尼の綾織の小袖が「美麗」の範疇に入るかどうかはわからない。ただし、臨終時の衣にこだわりを持ち、当時の晴れ着である小袖を着て臨終を迎えようとしていたことは、注目すべき事柄であろう。

歪められた恵信尼像

そもそも、恵信尼の父、三善為則は、関白九条兼実の家司《けいし》(5)であった。兼実は法然に帰依していたことで知られている。恵信尼の信仰は、親鸞の信仰よりも、法然のそれに近い。恵信尼が為則の娘であることを考えると、法然の影響を受けていたとしても不思議ではない。実際のところ『恵信尼文書』には、他力の信心については一言も触れられず、覚信尼への書簡に「よくよく念仏をお唱えになって、極楽浄土でお会いできるようにしてください(6)」と書くなど、念仏をして極楽往生しようとしていた。その上、死装束へのこだわりには、源信以来の平安浄土教の影響もかいま見ることができる。

ただし、恵信尼の信仰が親鸞の信仰と異なるからといって、現代に生きる私たちが批難することなどできない。極楽往生のためには、臨終の瞬間が大事であるというのは、当時の一般的な認識である。往生を願い、五輪塔を建立することもよく行なわれていた。その上、死装束へのこだわりも、『臨終行儀注記』などの記述から、ごく一

(5) 家司　親王や内親王家、摂関家などの事務を掌《つかさど》る職員。

(6)『恵信尼文書』第一〇通より。

般的なことだったのだろう。

おそらく、恵信尼は、親鸞から他力信心の教えを日常的に聴いていたことだろう。けれども、極楽往生の方法を選ぶ権利は、恵信尼本人にある。現代でも、夫とまったく同じ信仰や思想を持つ妻がどれほどいるだろうか。浄土真宗開祖の妻として現代に期待される理想像を恵信尼に押し付けて、恵信尼自身やその信仰を歪めて語るのは、学問的には不適切である。恵信尼は、五輪塔を建てたり、臨終時の衣にこだわったりすることにより、極楽往生を目指したのである。高齢の恵信尼は、自身の死を凝視し、貧窮に喘いではいても心が折れることもなく、極楽往生を遂げられるよう、強固な信念をもって日々努めていたのである。理想化された姿ではなく、このような恵信尼の姿こそが評価されるべきではないだろうか。

9. 来世に託した復讐——楠木正成

楠木正成の活躍

楠木正成《くすのきまさしげ》（?——一三三六）といえば、後醍醐《ごだいご》天皇（一二八八——一三三九）のために命まで捧げた大忠臣として、近代に明治天皇の命で別格官幣社の湊川《みなとがわ》神社を創建されて祀られたことで非常に有名である。第二次世界大戦後には以前ほど忠臣であることを強調して語られはしなくなったものの、現在でも英雄としてのイメージで捉えられがちである。しかし、そんな正成が歴史の表舞台に出てくるのは、わずか六年である。なぜならば、正成の出自も含め、前半生がほぼ不明だからである。

正成は、後醍醐天皇の鎌倉幕府討伐に参加し、河内国《かわちのくに》の赤坂城《あかさかじょう》や金剛山千早城《ちはやじょう》では押し寄せる幕府軍と奮戦した。正成は、いわゆるゲリラ攻撃をとったことで知られている。南北朝の内乱を南朝の側から描いた軍記物語『太平記《たいへいき》』（一四世紀後期成立）には、正成は「勇気」と「智謀《ちぼう》」を兼ね備える大変優れた人物としてダイナミックに活写されている。

『太平記』には、後醍醐天皇の討幕計画から鎌倉幕府滅亡、建武新政《けんむのしんせい》、南北両朝の対立などが描かれている。足利尊氏《あしかがたかうじ》に攻撃された後醍醐天皇は、天皇の位のしるしである神器をもって吉野に忍んで出かけ、足利尊氏がたてた京都の朝廷と対立した。吉野の朝廷（大覚寺統《だいかくじとう》）を南朝、京都の朝廷（持明院統《じみょういんとう》）を北朝という。楠木正成は後醍醐天皇に仕えたので、南朝側の軍記物語『太平記』では英雄として美化されるかたちで語られている。

まず、『太平記』で語られた正成の活躍を見ていきたい。たとえば、幕府軍の大軍に包囲され千早城に籠城する正成らは、甲冑を着せ武器を持たせた藁人形を城の麓に夜中に立たせておき、夜が明ける頃にどっと鬨《とき》の声をあげた。鬨の声を聞いた敵方は、城中から討って出てきたのだと勘違いし、我先にと攻めてきた。そこで正成は、計画通り、敵が騙され集まってきたところに、上から四〇個から五〇個もの大石を一気にゴロゴロと落としたという。おびき寄せられた兵三百人余りはあっという間に押しつぶされて殺され、半死半生の負傷者は五百人以上にのぼったという。

このほかには、敵を火あぶりにした話も伝えられている。籠城する正成は、戦略を練ってあらかじめ巨大な梯子を用意した。その梯子を城にかけて橋を造り、城に我先にと侵入しようとする幕府の武士たちを見て、なんと上から橋に油をかけて火をつけたのである。橋の上の方にいた武士は猛火に包まれて焼かれ、橋が中ほどから燃え崩れてどっと谷底に落ちると、数千人の武士が同時に谷底へ落ち重なり、一人残さず焼け死んでしまった、という。

本来、この時代における正攻法の戦のあり方は、まずは名のりをあげ、自分の出自などを告げたうえで刀や薙刀などで戦うといったものである。一方、『太平記』の正成の戦い方は、名のりをあげるどころか、いきなり敵に油をかけて火をつけるといった常識外れのものである。『太平記』の正成の活躍ぶりは、多少の虚構や潤色も含まれている可能性もあるものの、新しい時代の幕開けを予感させるものであり、刺激的かつ魅力的である。

鎌倉幕府の滅亡後、後醍醐天皇により天皇による政治が復活し、建武新政がはじまった。しかし、人事政策に対する批判が噴出し、さらにはそれまでの武士の社会の慣習も無視したために武士からの不満も多く出、ついには足利尊氏が反旗を翻すことになる。建武三年（一三三六）、尊氏は一旦は天皇方に敗れて九州に逃れた。尊氏の側から比較的史実に忠実に書かれた歴史書『梅松論《ばいしょうろん》』によると、このとき正成は、天皇方として戦った新田義貞《にったよしさだ》を誅伐して尊氏を召し返して和睦したほうがよいと後醍醐天皇に進言したものの、聞き入れられなかったという。これは、尊氏に心服する武士が非常に多く、尊氏と手を結んだ方が良い結果になると考えての進言であった。結果からいうと、正成には非常に先見の明があったことになる。

九州に逃れた尊氏は、すぐに力を盛り返し、大軍を率いて京都を目指した。このとき正成は、後醍醐天皇から、大軍を率いて京都に押し寄せてきた尊氏を撃滅せよ、と命じられる。正成は、後醍醐天皇に徳がなく味方が思うようには集まらないことをよくわかっており、負け戦を承知の上で、天皇に背くことなく摂津国《せっつのくに》湊川で百騎に満たない手勢を率いて戦うことになる。正成と弟正季《まさすえ》の七百騎は、尊氏の弟、直義《ただよし》の大軍に突っ込んで戦った。まさに、自殺行為である。『太平記』によると、その後、正成は直義に近づいたものの、あと少しのところで討つことができなかったという。結局、正成と正季は、六時間一六回にわたる激闘の末に疲労困憊し、残った約七〇騎とともに湊川の北にある一群の民家に入り自害をすることになる。

悪念に引きずられた自害

『太平記』では、正成の自害の様子が次のように語られている。

楠木の一族一三人と手の者六〇余人は、六間の客殿で二列に並んで座り、念仏を一〇回ばかりともに唱えて一斉に腹を切った。正成は、上座に座って弟の正季に向かい、「そもそも人間は、最期の一念によって来世の善悪が決まるという。九《く》

『絵本太平記　坤』にある自害の場面。

界《かい》（地獄、餓鬼、畜生、阿修羅、人、天、声聞《しょうもん》、縁覚《えんがく》、菩薩）の中でお前が行きたいと思うのはどこだろうか」と問うた。すると正季は、からからと笑って「七《しち》生《しょう》までひたすら同じ人間に生まれて、朝敵を滅ぼしたいと思います」と答えたので、正成は大変嬉しそうな様子で「罪業《ざいごう》の深い悪念ではあるけれども、私も、そのように思うぞ。さあ、それでは、同じように生まれ変わり、このかねてからの願いを果たそうではないか」と約束し、正成と正季の兄弟はともに刺し違えて同じ所に倒れ伏した。

正成と正季以外の者たちは、ともに念仏を一〇回唱えてから自害したとされている。これは、臨終時に一〇回念仏を唱えれば往生できると考えられていたためである。後述するように、このような死に方は、武士にとっても依然として理想的なものであった。それにもかかわらず、正成と正季は、なんとしたことか、極楽往生を願わず、また人間に生まれ変わり朝敵を滅亡させたいとして、死ぬ間際の十念《じゅうねん》もせずに刺し違えて死んだ、とされているのであった。一見、往生際の良いきっぱりとした死のように見える。けれども、現世への執着を人一倍強く持ち、あえて極楽往生に必要な十念をせずに、人道に留まり本懐を遂げるのだとしているのであるから、実に往生際が悪いということになるだろう。

陣僧の活躍

『太平記』で語られた正成の最期は、当時において決して一般的なものではなかった。多くの武士は、殺生の罪を犯しはしても、浄土への往生を願っていたからである。

前述したように、極楽往生を遂げるためには、臨終時の十念が必要となる。これが一般的な認識であった。では、戦で斬られた場合にはどうなるだろうか。激痛にもがき苦しみ、念仏も唱えず息絶えることも十分に考えられる。そうであれば、往生できない。この不安を解消するために、一四世紀から、武士が戦に赴くときには僧侶（のちに陣僧とよばれる）を伴うようになった。ちなみに、このような僧侶は、時衆《じしゅう》であることが多かった。のちに時宗《じしゅう》の開祖とされた一遍《いっぺん》は、自身の弟子たちのことを時衆と呼んでいた。もともと時衆とは、一日の六時[1]に念仏を唱える僧侶のことであった。一遍は、六時念仏を重視したので、弟子の集団を時衆と呼んだと考えられる[2]。一遍は、貴族、武士、農民、非人といったすべての階級に分け隔てなく伝道した。

一遍の教えを引き継いだ他阿弥陀仏真教《たあみだぶつしんきょう》は、戦場で斬り殺されるときに、手に「弓箭《きゅうせん》」をもっていても念仏を唱えれば往生できるとし、とにもかくにも称名念仏が重要である、としている[3]。さらに、敵を滅ぼそうとする強い気持ちは、「悪道」に堕ちる業因であるとした上で、命を失うほどの戦の中で念仏を唱えようとする者は「比類なき行者」であるから必ずや極楽浄土へ迎えとってもらえるに違いない、とも述べたとされている[4]。このような教えは、武士にとって実に魅力的であり、広く受け入れられることになる。

時衆は、願主の信心を助け、戦場で十念を授け、無事に極楽往生を遂げさせるという役割を果たしていた。時衆のこのような活躍は『太平記』にもしばしば見える。たとえば、赤坂城に立てこもった楠木正成を討つために鎌倉幕府の大軍が攻撃をしたと

（1）六時　晨朝《じんちょう》、日中《にっちゅう》、日没《にちもつ》、初夜《そや》、中夜《ちゅうや》、後夜《ごや》の六つの時のこと。

（2）①今井雅晴『中世社会と時宗の研究』吉川弘文館、一九八五年。②今井雅晴『捨聖一遍』吉川弘文館、一九九九年。

（3）『他阿上人法語《たあしょうにんほうご》』四。

（4）『他阿上人法語』七。

き、幕府側の武士である人見四郎入道恩阿《おんあ》と本間九郎資貞《すけさだ》が先陣を駆けて討死にしたことが語られている。そして討死後には、それまで付き従って臨終の十念を勧めた聖《ひじり》が二人の首をもらい受けて、天王寺に持ち帰った、とある。その後、聖は遺族に戦場での活躍ぶりを伝え、葬礼を行なったという。恩阿と資貞は、ともに『他阿上人法語』にその名が見えるので、時宗の信者であり、時衆を戦場に付き従えていたと考えられる。(5)

千頭王鬼になった正成

このように、楠木正成が活躍したのは、戦場でも十念が必要と考えられ、時衆が付き従えられた時代であった。それにもかかわらず『太平記』では、正成が十念もせず、再び人間に生まれ変わり朝敵を滅亡させようと誓ったと語られている。正成が単なる一介の武士ではなかったことを積極的に語ろうとしたのであろう。ちなみに、『太平記』では、正成は自害後に鬼になって人間界に現れている。非業の死を遂げたので、そうなるのがふさわしいと考えられたからだろうか。話の概要は、次のとおりである。

かつて正成を自害に追いやった「血気ノ勇者」大森彦七盛長《おおもりひこしちもりなが》は、その功績によって所領を得、寿命を延ばす芸だといわれていた猿楽能（滑稽なわざや曲芸を演ずる

(5) 前掲註2、①今井雅晴著書。

芸能）を行なうことにした。盛長がその猿楽能の舞台へ行くために山際の細い道を歩いていたところ、行き悩む美女にあった。盛長は少々心惹かれつつ、歩きにくそうにしている美女をおぶった。しばらく歩いたところ、急にその美女が鬼になってしまう。その姿は、身の丈は八尺ばかり、両眼は赤い顔料を溶かして鏡の表面にそそいだかのように真っ赤、上下の歯は食い違い、口の端は耳の付け根まで広く裂け、眉は漆で百回も塗り重ねたかのように盛り上がって額を隠し、振分髪の中からは五寸ほどの子牛の角が鱗をかぶって生え出ている、という実におぞましいものである。驚いた盛長は、取っ組みあって鬼を深田に転げ落とした。予定されていた猿楽能は中止となった。

　数日後、中止された猿楽能が改めて行なわれることになった。すると猿楽能が演じられている最中に黒雲が現れ、雲の中から「大森彦七殿に申すべきことがあり、楠木正成が参上した次第です」と大声が聞こえた。正成は、鎌倉幕府執権北条高時の一族を滅ぼし、後醍醐天皇を安心させ、天下一統に帰したにもかかわらず、足利尊氏と直義が虎や狼のように残忍かつ貪欲な心を抱き、ついには天皇の位を傾けてしまった、と非難した。さらに正成は、「忠臣・義士、そして死骸を戦場にさらした輩が、ことごとく阿修羅王の手下になり、(6)怒りや怨みを抱く気持ちは休まるときがないのだ」と述べ、こうした人々とともに天下を覆そうと計画

（6）阿修羅は、仏法守護の善神としての面のほか、怒りや怨みの念が強く闘争を好んで帝釈天と戦う鬼神としての面も持つ。無念を抱いた戦死者は修羅道に堕ちるとも考えられていた。

を練っており、足利尊氏の天下を奪うためには盛長の刀が必要であることを告げたのである。正成によると、盛長の刀は、かつて平家が壇ノ浦で滅びたときに悪七兵衛景清が海中に落とした刀であり、それをイルカが飲み込んで讃岐国宇多津の沖で死に、海底に沈んで百余年が過ぎて漁師の網に引っ掛かって盛長の手に渡ったものだという。

盛長は、数日前に美女に化けてたぶらかそうとしたのは、正成らであることに気が付き、将軍の味方であることを理由に、「将軍の世を滅ぼそうとお聞きしたからには、刀は断じてお渡しするわけには参らぬ」と虚空をにらみつけながら言い放った。正成は「どうとでも言え。しまいには奪ってやるのだから」と罵り、稲妻が走り海上へと飛び去った。

さて、四、五日後、雷鳴の轟とともに降りてきた正成は、かつて非業の死を遂げた、後醍醐天皇、護良《もりなが》親王、新田義貞、平忠正、源義経、平教経《のりつね》らとともにいる、と告げた。盛長が後醍醐天皇の居場所や供《とも》の者の姿を尋ねたところ、正成は、天皇はもともと摩醯首羅王《まけいしゅらおう》の化身だったから今は天上に帰り、欲界の第六天にいると言い、その供の者は、修羅王の家来となり、帝釈天と戦ったり人間界に下って怒り怨む心が強い人たちの中に入り替わったりしている、としている。さらに、自身の姿について尋ねられると、次のように答えた。「私も最後の悪念に引きずられて罪障が深かったので、今は千頭王鬼《せんずおうき》となり、頭が七つある牛に乗っている。不審に思うのであれば、さあその姿をみせよう」。すると、正成は、湊川の合戦のときの姿と変わらず、紺地の錦の鎧直垂の上に黒糸でおどした鎧を着て、頭が七つある牛に乗って現れたのである。

ここでいう「最後の悪念」とは、臨終時に往生を望まず、再び人間に生まれ変わって復讐をすると誓ったことを指している。結局、正成は、千頭王鬼になり人間界に現れ復讐をしようとしたと語られている。千頭王鬼とは、千個の頭を持つ鬼のことだろう。いかにも強そうである。千頭王鬼となった正成は、盛長に再度刀を渡すよう要求したが、盛長は臆せず拒んだ。正成らが飛び去ったのち、盛長は「物狂《ものぐるい》」になってしまう。けれども、縁者の禅僧に『大般若経』を省略せず丁寧に読んでもらい、無事に正成らの亡霊を鎮めることができ、一件落着したという。

軍記物語の限界

自ら往生を望まず、朝敵を滅ぼすことを選んだと語られた正成。けれども、盛長の刀を奪い復讐しようとしたものの奪えず、結局は『大般若経』の読経《どきょう》によって鎮められ、将軍尊氏を倒して天下を覆すことなどできなかった。

前述したように『太平記』は南朝の側から南北朝の内乱について語った軍記物語である。正成は、南朝の側からすると、天皇のためには命も惜しまなかった偉大な英雄である。当然のことながら、実際の姿よりも、随分と美化したかたちで語られていることだろう。ただし、いくら物語の中であっても、千頭王鬼になって尊氏の天下を覆したとすると、あまりにも史実と乖離してしまうのでできない。結局のところ、大森盛長を一時的に乱心させるぐらいしかできなかったのだろう。これは、軍記物語の限界ともいえる。

実際のところ、正成が臨終時に十念したか否かは不明である。あえて極楽往生を望まず人間界に生まれ変わってまで朝敵を滅亡させようとしたという『太平記』の語りは、武士としての正成の執念や理想的な忠臣としての姿を強調する効果が大いにある。しかしその一方で、史実から大きくは乖離できないので、死後の復讐の語りにも限界がある。それによって、正成は、『太平記』の中であまりにも残念な英雄にされてしまっている。正成が『太平記』の内容を知ったら、なんと思うだろうか。

現世への執着の肯定の芽生え

これまで本書で述べてきたように、権威ある人物や英雄として讃えられる者は、たとえ臨終時に正念を保てなかったとしても、臨終正念《りんじゅうしょうねん》のちに極楽往生したと強調される傾向にある。それに対して、『太平記』の正成はそうではない。

ちなみに、かの後醍醐天皇も、臨終時に、死後永遠の「妄念」になるだろうことは、尊氏一門を滅亡させ天下を泰平したいという願いであると告げ、「玉骨《ぎょくこつ》は縦《たとひ》南山の苔に埋《うずも》るとも、魂魄《こんぱく》は常に北闕《ほくけつ》の天を望《のぞま》んと思ふ（私の亡骸《なきがら》はたとえ吉野山の苔に埋もれても、霊魂はつねに北方の皇居の空を望もうと思う）」と述べ、左手に『法華経』、右手に剣をもって亡くなった、とされている（『太平記』）。皇居は京都の北側にあったので、通常の場合、天皇の墓は南を向いている。一方、後醍醐天皇は、遺言により、京都の方角である北に向けて墓を建てることを希望した。死んでもなお京の都を見据えるのだという執念が強く語られている。これは、『太平記』が成立した一四世紀後期、いつ死んでもいいように陣僧を連れて戦場に行くなどの臨終行儀を重んじる風潮が依然として強い中で、現世に執着を残して死んでもよいのだという考えが芽生えはじめていたことを示しているのであろう。[7]

（7）佐々木馨『生と死の日本思想――現代の死生観と中世仏教の思想』（トランスビュー、二〇〇二年）では、現世を徹底して厭い後世に希望を見出すのではなく、現世を肯定する死生観が芽生え始めたとしている。

10. 両面に仏を描いて準備万端
——中御門宣胤

中御門宣胤とその日記『宣胤卿記』

中御門《なかみかど》宣胤《のぶたね》（一四四二―一五二五）は、権大納言中御門明豊《あきとよ》（一四一四―一四五九）の息子である。蔵人頭《くろうどのとう》(1)として後花園天皇と後土御門天皇のそば近くで仕え、長享二年（一四八八）には権大納言に昇進した。永正八年（一五一一）には、かねてより親交のあった公家、三条西実隆《さんじょうにしさねたか》（一四五五―一五三七）に請い従一位に進んだものの、まもなくして官を辞し出家した。出家後は乗光《じょうこう》と名乗ることになる(2)。

宣胤は、応仁《おうにん》の乱《らん》後に朝廷の儀式が荒廃したことを嘆き、当代一の学才で有職故実《ゆうそくこじつ》(3)に詳しかった一条兼良《いちじょうかねら》らから先例を学び、さらにはそれをのちに伝えようと努めていた。また、文化の興隆にも尽力した。和歌を好み、書道に長じて能筆としても遇さ

(1) **蔵人頭**　蔵人所《くろうどどころ》の実質的な長で、天皇の命令の伝達などの役割も担う。

(2) 乗光という法名は、先祖・中御門経継《つねつぐ》（一二五八―?）が法名を乗性として以来、代々「乗」の字を用いてきたことによる（『実隆公記』永正八年一一月一五日条）。

(3) **有職故実**　公家や武家の儀礼や官職、制度、服飾などの先例や典故のこと。

れ、しばしば請われて筆をふるっていたことでも知られている。

さて、宣胤の日記『宣胤卿記』には、文明一二年（一四八〇）から永正一六年（一五一九）までの記事があり、そこからは宮廷行事や公家の生活のほか、宣胤の信仰や死への意識も読み解くことができる。そこで、中世後期の公家の一例として、宣胤の往生際をみていきたい。

宣胤の信仰

『宣胤卿記』からは、その厚い信仰をうかがい知ることができる。たとえば、ほぼ欠かすことなく父母の月忌《がっき》日に追善供養をしたことが記録されており、父の月忌日には終日称名念仏をしたり（永正一四年〔一五一七〕三月三日条、同年四月三日条、永正一六年六月一二日など）、母の月忌日には僧を招いて百万回もの称名念仏《しょうみょうねんぶつ》をしたことが書かれているのである（永正一四年二月一二日条）(4)。さらに、命日には実に手厚く供養をし、墓参りも欠かさなかった。

宣胤は、とりわけ観音菩薩を厚く信仰していた。観音菩薩は、勢至菩薩とともに阿弥陀仏の脇侍《きょうじ》(5)であり、衆生《しゅじょう》（迷いの世界にいるあらゆる生類）がその名を唱える音声を観じ、大慈大悲を垂れて解脱を得させるとされ、現在に至るまで厚く信仰される菩薩である。たとえば宣胤は、観音菩薩の縁日にあたる毎月一八日には、観音経を読誦

（4）百万遍念仏には、追善の効果があると考えられていた。個人が七日間、または一〇日間で百万回唱える場合のほか、集団で同時に唱えて自他の念仏が互いに融通しあい、その回数が百万回に及ぶ場合があった。永正一四年二月一日条の場合には、僧を招いて追善供養をしたとされているし、一日に限ってのことであるから、後者にあたるのだろう。

（5）**脇侍**　中尊をはさみ左右に侍する菩薩のこと。

していた。なぜならば、縁日に結縁《けちえん》すれば格別の利益があると考えられていたからである。

縁日に観音経を読誦していただけではない。『宣胤卿記』毎月三日条には、天台宗中興の祖と称された慈恵大師良源《じえだいしりょうげん》の肖像画を懸け観音経を読誦していたことが頻繁に記されている。良源は、正月三日に亡くなったことから元三大師《がんざんだいし》と呼ばれ、観音の化身とされていた。それによって、宣胤は、良源の月忌日である三日に観音経を読誦するようにしていたのだろう。このことについて、宣胤は長年の信仰である、としている。(6)

身内の死から自身の死を意識

晩年の宣胤は、死が差し迫っていることを意識し、『宣胤卿記』でたびたび触れている。たとえば永正一四年、祖父である中御門俊輔の命日の二月六日に追善供養を行なったときのことである。祖父の死から八〇年近くも経過していることに感じ入ったからだろうか。宣胤は次の歌を詠じている。

おやの親のあとを問きてあはれなり子の子も今は老となるまで

（親の親にあたる祖父のことを尋ね聞いて感慨深いことだ。子どもの子どもである私も、

（6）『宣胤卿記』永正一五年正月三日条より。

今となっては老人となるに至ったのだから。）

さらに同年、父、明豊の命日にあたる一〇月三日にも手厚い追善供養をし、次の歌を詠んでいる。

老ぬればことしいかがとおもひしに又問《とう》ことよ苔の下みち

（老いてきたので、今年は生きていられるだろうかと思っていたのに、また今年もそのように問うているよ、苔におおわれた道を歩いて。）

すでに七〇代半ばとなっていた宣胤は、六〇年近く前に四〇代半ばでこの世を去った父の追善供養をするたびに、自身の老いを痛切に感じ、迫りくる死を意識していたようである。

臨終の準備は余念なく

死がひしひしと迫りくるのを感じていた七〇代半ばの宣胤。頻繁に体調を崩すようになり、いよいよ臨終の準備に取りかかることになる。まず、永正一六年五月八日、三条西実隆が所持する「半身阿弥陀画像」のすばらしさに魅せられ、貸与を所望する手紙を実隆に出し、九日に借り受けている。(7) 借り受けた理由は、かねてより交流のあった絵師で土佐派中興の祖、土佐《とさ》光信《みつのぶ》に模写させようとしたからであった。(8) 実隆の

「山越阿弥陀図」（京都国立博物館所蔵）

(7) 宣胤が送った手紙は、現在、『実隆公記』の紙背文書《しはいもんじょ》として伝えられており、高橋隆三編『実隆公記 一三』（続群書類従完成会、一九六一年）に翻刻されている。

(8) 『清水寺縁起絵巻』は、本尊観音菩薩の霊験を描いた絵巻物であり、絵を土佐光信、詞書《ことばがき》を中御門宣胤、近衛尚通、甘露寺親長、三条西実隆らが書いた。『宣胤卿記』永正一四年九月一七日条には、宣胤が詞書の一部を清書したことが書かれている。

「半身阿弥陀画像」は、天王寺西門の脇の壁にある源信《げんしん》が描いたとされる絵を写したものだということである。(9)

ここで宣胤がいう「半身阿弥陀画像」とは、阿弥陀仏像の上半身のみが描かれた絵像であり、山越阿弥陀図《やまごしあみだず》を指すと考えられる。山越阿弥陀図とは、阿弥陀仏の来迎図《らいごうず》の一種で、阿弥陀仏が山あいから上半身を現して来迎するさまを描いたものである。来迎図は、しばしば臨終時の枕元に置かれ、臨終行儀に用いられていた。たとえば、一三世紀に制作された金戒光明寺《こんかいこうみょうじ》所蔵の山越阿弥陀図には、阿弥陀仏の手元に糸がついている。『往生要集』にあるように、糸の片端を阿弥陀仏の手につけ、もう一方の端を今にも臨終しようとする者の手に握らせたのだろう。

さて、宣胤が土佐光信に注文した絵は、衝立障子《ついたてしょうじ》に描かれて五月二八日に完成した。衝立障子とは、部屋の内や縁などに立て、しきりとする家具のことである。宣胤は、これを臨終時に枕元に置くために書かせたという（五月二八日条）。

ところで、宣胤の注文した絵像は、ただの阿弥陀仏像ではない。なんと、その裏面には不動明王像が描かれていたのである。つまりは、リバーシブルの絵像であった。宣胤は、臨終正念《りんじゅうしょうねん》を邪魔する魔を降伏するために不動明王を裏に描かせた、と『宣胤卿記』にしたためている（五月二八日条）。ちなみに、五月二八日付けの光信からの手紙によると、真言宗の開祖である弘法大師空海《こうぼうだいしくうかい》が描いた不動明王像を写したものだ

(9)『宣胤卿記』永正一六年五月九日条より。

ということである。(10)おそらく、空海にまつわる不動明王像を描くことにより、さらなる効果を期待したのだろう。

魔を退ける不動明王

そもそも不動明王とは、大日如来が魔や煩悩を降伏させるために化現した仮の姿であり、憤怒の相をとる。病気をもたらす魔やモノノケを調伏するときには、本尊とされ、厚い信仰を集めていた。臨終時には、往生に必要な正念を妨げようとする魔が跳梁《ちょうりょう》すると考えられていた。そこで、真言宗の臨終行儀では、不動明王が重視され、その呪文の一つである慈救呪《じくじゅ》が唱えられていたのである。

たとえば、かつて真言僧の立場から中川実範《なかがわじっぱん》（一〇八八?―一一四四）が書いた『病中修行記《びょうちゅうしゅぎょうき》』は、天台僧である源信の『往生要集』の内容を踏襲しているものの、密教的な要素を多く加えられている。そこでは、不動明王には臨終時の障害を除く力がある、とされている。さらに、同じく真言僧、覚鑁《かくばん》（一〇九五―一一四三）も、臨終行儀書『一期大要秘密集《いちごだいようひみつしゅう》』で、病者を浄土へと導く善知識《ぜんちしき》は、その枕元で不動明王を祈念して慈救呪を唱えすべての魔を除き、病者に正念を保たせ極楽に往生させせよ、とされている。

ちなみに、天台系や浄土系の臨終行儀書には、不動明王は出てこない。実際に宣胤

(10) 光信からの手紙は、増補史料大成刊行会編『増補史料大成 宣胤卿記二・宣胤卿記補遺』（臨川書店、一九六五年）に翻刻されている。

が真言宗の臨終行儀書を読んだ上で不動明王の絵を描かせたかどうかはわからないが、不動明王像を描くよう光信に指示したのは宣胤のはずである。したがって、結果として、真言宗の臨終行儀の影響を受けた臨終行儀をしようとしていたことになるだろう。ただし、少なくともリバーシブルの絵を枕元に置くことは、真言宗の臨終行儀書をはじめとして、いずれの臨終行儀書にも出てこない。宣胤がこのような事例を見聞きしてそれを真似たか、もしくは宣胤の独創的なこだわりで描かせたのか、どちらかだろう。

それにしても、なぜ宣胤は阿弥陀仏と不動明王の絵像を別々に描かせず、あえて表と裏に描かせたのだろうか。この点について注目すべきは、阿弥陀と不動を一体と見なす天台宗の思想である。宣胤が誰を師として出家したのかは明確ではない。ただし、『宣胤卿記』からは、宣胤のもとには頻繁に比叡山西塔《さいとう》の聖村《しょうそん》という僧が出入りしていたし、父母の命日には墓参後に必ず不断念仏《ふだんねんぶつ》(11)の道場であった天台宗寺院の真如堂《しんにょどう》に参詣し、一万回、ときにはさらに多くの回数の念仏をしていたことがわかる。ちなみに、真如堂での不断念仏は、父母の命日や月忌日以外の日にもしばしば行なっていた。(12)さらに前述したように、宣胤は長年のあいだ、天台僧の良源の月忌日に観音経の読誦《どくじゅ》をしていたのである。これも、宣胤と天台宗との関係を示唆する事柄である。

以上のように、臨終時の魔を退けるために不動明王を描かせたのは、結果として真

(11) 不断念仏　あるきまった日時に、もしくは昼夜絶え間なく念仏を唱えること。

(12) 『宣胤卿記』より。

言宗の臨終行儀の影響を受けた行為であるにしても、宣胤は天台宗の僧侶や寺院との関わりを強くもっていた傾向にある。それだからこそ、阿弥陀仏と不動明王を一体と見なし、あえて表裏に描かせたのかもしれない。両面の絵からは、往生を切望する宣胤の執念を感じとることができる。

宣胤の死

大永五年（一五二五）七月、宣胤は目まいに苦しむようになる。おそらくその後も、体調の悪い日が続いたのだろうが、一一月六日には、三条西実隆らを自邸に招き宴を開いている。このときの宣胤は、言語は明瞭であり、実隆の目には元気そうに見えたようである。[13] 元気そうに見えたのは、実隆らが自邸に来るのを楽しみにし、張り切ったからだろうか。

　ついに同月一八日、宣胤は八四歳で息を引き取ることになる。土佐光信に阿弥陀仏と不動明王の絵を描かせてから約六年後のことである。結局、本人の予想した以上に長生きしたことになるだろう。誰も自分が死ぬ時期を正確に知ることなどできないのである。

　さて、宣胤の臨終については、実隆が日記に「臨終正念《りんじゅうしょうねん》と云々《うんぬん》（臨終正念だったということである）」と、聞き及んだことを書きとどめている。おそらく宣胤は、予定どおり、

（13）『実隆公記』より。

土佐光信に描かせた衝立障子を枕元におき、阿弥陀仏の手に五色《ごしき》の糸を持たせ、もう片方は自ら握ったのだろう。もし、症状が重く本人の意志でこのようなことができなかったとしても、土佐光信に依頼までして制作させた衝立障子を周囲の者が臨終時に用いなかったとは考えにくい。実隆は、宣胤とは五〇年余り知己の間柄であったとして、その死を大変憂い悲しみ、葬礼後には宣胤の冥福を願い、阿弥陀経を中御門家に贈っている。

死への恐れを軽減するために

宣胤が生きた一五世紀から一六世紀には、貴族や武士の中には臨終行儀をしようともせずにこの世を去った者も多い。なぜならば、かつてほどには、臨終行儀は当然のようには行なわれなくなっていたからである。しかし、そうではあっても、宣胤のように、表裏に阿弥陀仏と不動明王の絵を描かせ、事前の準備を怠ることなく、臨終時には正念を保ち必ずや極楽往生しようと準備をした者もいたのである。

人間は、近親者の死に遭遇することにより、自身の死をいずれ現実に起こる事柄として意識し、次第に覚悟もするようになっていく。多くの死に接すれば接するほど、自身の死を凝視することになるだろう。晩年の宣胤も、とりわけ父母の命日に自身の老いや死を意識しがちであり、次第に自身の死を現実のものとして受容していったのではないだろうか。自身の死を近未来に起こるものとして受け入れたからこそ、臨終の準備を周到にすることができたのだろう。

　この世に、自身の死を恐れない人間などはいない。そうではあるけれども、自身の死を現実に起こる事柄として受容しようとしたり、死後の世界に思いをはせたりすることにより、死への恐怖は若干弱まるのではないだろうか。宣胤は、臨終時の絵を準備万端整えた上で死に臨んだ。おそらく宣胤にとっては、阿弥陀仏を片面に描いた絵では不十分だったのだろう。裏に不動明王を描いておけば臨終正念を保ち極楽往生できる。そう思ったに違いない。宣胤にとって、両面に描かれた絵には、死への恐れを軽減する効果があったのだろう。

コラム　神をも調伏・脅迫してしまう中世人の信心とは

中世は、仏や神が厚く信仰された時代である。このことは、中世に書かれた古文書《こもんじょ》や貴族の日記、幕府の記録、説話、物語などから、明らかである。中世に生きた人々は、日常的に寺院や神社に参詣し、仏や神との関わりを持ち続けていた。死後には、往生を望み、臨終のあり方にも大いにこだわりをもったのである。

ただし、必ずしも、仏や神が盲目的に信仰されていたのではない。しばしば中世人は、神が病気などの不都合なことをもたらすと調伏《ちょうぶく》していたし、願い事が叶うよう仏や神と取引をしていた。さらには、自分の願いが絶対に叶うようにと、脅迫まですることもあったのである。

たとえば、一二世紀前半成立の『後拾遺往生伝』には、仁和寺《にんなじ》の僧、性信《しょうしん》が住吉大明神を調伏した話が収められている。あるとき、上野守《こうずけのかみ》の家宗の妻が病気になり、治療のための祈禱をしてもらおうと性信のもとに赴いた。性信の祈禱のおかげで病気は治り、家宗は妻をともなって上野国に赴任した。すると、住吉大明神に憑依《ひょうい》された姑が突然やってきて、「なぜ私を放出せずに関東に赴任したのか」と責めたてた。つまりは、妻に病気をもたらしたのは住吉大明神であり、病気治療の祈禱をして住吉大明神を調伏したあと放つことをしなかったのである。祈禱により呪縛《じゅばく》された住吉大明神は、放ってもらえなかったので、放つように抗議にやってきた、ということになる。そもそも、調伏した時点で、病気をもたらしたものの正体は明らかだったはずである。性信は、病気の原因が住吉大明神であることを知った上で、呪縛を解くことを忘れたのか、もしくはあえて呪縛を解かなかったということになるだろう。住吉大明神も軽く扱われたものである。

ちなみに、一二世紀の病気治療の作法では、病気が快方に向かった時点で、病気をもたらしたものを解縛《げばく》したうえで二度と近寄り病気をもたらすことのないよう、放つことになっていた。これにより、病気をもたらしたものも放出してもらうことにより、自由になれる。住吉大明神は、作法通りになされなかったことについて、抗議したのである。

何かの願い事がある場合、仏や神に「叶えてくださった暁にはこれこれのことを約束しますので、どうかお願いします」という取引をすることも多くあった。ただし、願いが叶った場合でも、交換条件として出した約束を軽く考える者もいたようである。藤原定家は、病気になった九条道家について、これまでも病気になったときに立願していたにもかかわらず、病気が治るたびに約束を反故にして一度も守ったためしがないと日記に記している。(『明月記』嘉禎元年〔一二三五〕閏六月二三日条)。道家は、その後密教僧になっているので、信心がまったくなかったわけでもないだろう。

願いが叶わなければ仏や神を恨むこともしばしばであった。願いが叶わないのは自分ではなく、仏や神が悪いのである。たとえば一四世紀成立の『寝覚記《ねざめき》』には、自分の信心の分際もわきまえずに仏や神をむやみやたらに恨むべきではない、とされている。このようなことがあえて記された背景には、願いが叶わなければ仏や神を恨む人間が多かったことがあるのであろう。

曾我兄弟のかたき討ちを題材にした『曾我物語』も面白い。かたき討ちの成功を曾我兄弟が箱根権現に祈願した場面では、箱根権現の別当は、烏瑟沙摩明王《うすさまみょうおう》(しばしば怨敵調伏のための祈禱の本尊とされた明王)を持仏堂に逆さまに掛けて、「殿たちが本懐を遂げないうちは、正しくお掛け申し上げませぬぞ」といったとされている。まさに、荒々しい手段による脅迫といってよいだろう。このように手荒に祈願されたのでは、烏瑟沙摩明王もたまったものではない。明王への敬意はどこへいってしまったのだろうか。

中世は、仏や神が厚く信仰された時代である。それは間違いない。しかし、その信仰は、必ずしも盲目的なものではなかった。あくまでも人間にとって都合のよい信仰だったといえるだろう。この傾向は、古代よりも中世、それも後期になると強まっていく。

現代でも、寺院や神社にいくと、自分に都合のいい願い事をし、叶わなければ仏や神はちっとも役に立たないと考えたり、ときには恨んだりもする。また、たとえ願いが叶ったとしても、仏や神への感謝などはつい忘れてしまうことも多いのではないだろうか。現代人の不信心は、中世人のそれと通じるところが大いにある。

第九章の楠木正成は、戦場でも死に際に十念《じゅうねん》をして極楽往生を願う者が多いなか、あえて十念をせずに死んだ、と『太平記』で語られている。正成は、死後にかたきに復讐しようとした、と語られているのである。

臨終行儀による極楽往生を志す傾向が強いなか、正成の英雄譚が語られるようになった背景には、中世における信心が関係しているのであろう。人間の都合によって、ときには仏や神を呪縛して懲らしめ、願いを叶えてくれなければ平気で恨む。このような風潮のなか、往生を願わず現世に執着を残してもかまわないのだという考えが次第に芽生えてきたのではないだろうか。

第三部

臨終の多様化

近世・近代編

11. 仏ではなく神になる——徳川家康

江戸幕府初代将軍、徳川家康

徳川家康（一五四二—一六一六）は、二六五年間続いた江戸幕府の初代将軍である。天下統一を成し遂げた豊臣秀吉の死後、慶長五年（一六〇〇）に関ケ原の戦いで石田三成を破って対抗勢力を一掃し、三年後の慶長八年（一六〇三）に征夷大将軍《せいいたいしょうぐん》に任じられて江戸幕府を開いた。さらにその二年後には家康が政治の実権を握り続けるかたちで、将軍職を息子の秀忠に譲った。

慶長一二年（一六〇七）、家康は江戸城から駿河国《するがのくに》の駿府城《すんぷじょう》に居を移す。居を移したのは、大坂にいる豊臣氏への備えと、全国支配を進めるためである。そして、ついに慶長一九年（一六一四）と元和元年（一六一五）、大坂冬の陣・夏の陣で、豊臣秀吉の息子、秀頼の大坂城を攻め、豊臣氏を滅亡させることになる。これによって名実ともに天下統一をし、幕府の基礎を固めることができた。

家康の信仰

さて、家康の先祖にあたる松平親忠《まつだいらちかただ》（？―一五〇一）は、浄土宗の僧、勢誉愚底《せいよぐてい》を開山として大樹寺《だいじゅじ》を建立した。大樹寺を菩提寺とする松平氏は、代々浄土宗の信者であり、浄土宗の僧侶と強い結びつきをもちながら、勢力を増していった。家康も、拠点を駿府から江戸に移したときに、浄土宗の増上寺《ぞうじょうじ》を徳川家の菩提寺とし、熱心に浄土宗に帰依していた。

ただし、家康は浄土宗のみに帰依していたのではない。天台宗の僧侶天海《てんかい》に出会って以降、天海に大いに帰依することになる。家康は、天海を喜多院《きたいん》の住職とした上で、慶長一八年（一六一三）には関東天台宗諸法度《かんとうてんだいしゅうしょはっと》を出し、比叡山延暦寺に集中していた天台宗の権限を、西の延暦寺と東の喜多院とに二分し、喜多院を頂点とする関東に天台宗の中心を移した。さらに同年、家康は、天海に下野国《しもつけのくに》の日光山の管理も任せることにした。その後、天海は、凋落していた日光山の復興に尽力することになる。

また、家康は晩年、各宗派の僧侶を招き、盛んに論議《ろんぎ》を行なっている。論議とは、経典や論書に説かれている事柄の疑問点を問答することである。中でも天台論議の割合が高い。その理由は、天海への帰依と大いに関連しているのだろう。これまでの仏教史研究では、家康が宗教と積極的にかかわった理由として、寺院勢力の内部に干渉するためであるということや、僧侶を管理するため、さらには功徳《くどく》を積むためであることなどが挙げられている。

家康の死

家康は、大坂夏の陣で豊臣氏を滅亡させた翌年（一六一六年）の正月二一日、鷹狩に興じた。ところが、その夜、突然に発病したのである。一時は痰がつまって危険な状態であったが、とりあえず医師の片山宗哲《かたやまそうてつ》の投薬により回復したので、駿府城に戻った。駿府城に帰ったのち、病状は一進一退であった。朝廷や多くの寺社による病気平癒のための祈禱も行なわれた。三月二一日、重い病を患うなか、太政大臣に任じられる。

その後も病気は一向に良くならなかった。家康は、病が重いことから、死を覚悟したのだろう。四月二日頃、本多正純《ほんだまさずみ》、天海、以心崇伝《いしんすうでん》の三人を呼び、死後について指示をしている。本多正純（一五六五―一六三七）は、家康の信任が厚く、近侍《きんじ》していた大名である。天海は、前述のとおり、家康からの厚い帰依を受けた天台僧。そして崇伝（一五六九―一六三三）は、天海と同様に家康から厚く信頼されていた臨済宗の僧であった。家康から、その能力を高く評価され、側近として外交文書を掌《つかさど》ったり、禁中《きんちゅう》並《ならびに》公家諸法度《くげしょはっと》や武家諸法度《ぶけしょはっと》などの起草制定にも参画したりしていた。崇伝の日記『本光国師日記《ほんこうこくしにっき》』によると、このときの家康の遺言は次のようなものであったという。

遺体は久能山《くのうざん》へ納め、葬礼は増上寺に申し付け、位牌は三河国《みかわのくに》大樹寺にたて、一周忌が過ぎたら日光山に小さい堂を建てて勧請《かんじょう》せよ。私は八州の鎮守《ちんじゅ》になろう。

「八州」とは、相模国《さがみのくに》、武蔵国《むさしのくに》、安房国《あわのくに》、上総国《かずさのくに》、下総国《しもうさのくに》、常陸国《ひたちのくに》、上野国《こうずけのくに》、下野国の関東八か国を指す。家康は、死後にはその鎮守神となるといっているのである。

さらに、四月一五日、徳川秀忠が吉田《よしだ》神道《しんとう》の神竜院梵舜《しんりゅういんぼんしゅん》（一五五三―一六三二）を召して「神道・仏法両義」について尋ねた。秀忠は、病状の悪化が甚だしい父家康を前に、亡きあとの扱いに少々迷っていたのだろう。結局、梵舜の見解を聴いた上で、翌一六日、家康亡きあとは神道によって久能山に遷座《せんざ》して奉祀《ほうし》することが決定され、そのことが梵舜に伝えられた(1)。

そしてついに、四月一七日、家康は駿府城で息を引き取った。七五歳であった。亡くなったときの家康の様子については、『本光国師日記』や梵舜の日記『舜旧記』には一切記されていない(2)。一七日夜、遺言通りに、遺体は駿河国の久能山に移された。死後すぐに遺体を移した理由は、家康を神に昇化するにあたり、なるべく遺体を人目に触れさせない必要があった可能性がある(3)。

（1）『舜旧記《しゅんきゅうき》』より。

（2）江戸幕府が編纂した徳川家の歴史書『徳川実紀』（嘉永二年〔一八四九〕完成）では、家康は、武芸を少しも忘れることのないように秀忠に伝えよ、といったのを最後に亡くなった、とされている。念仏を唱えたとも、極楽往生を願ったとも、正念を保ったとも書かれていない。ちなみに『徳川実紀』では、家康が自分の像を西向きに建てるよう指示した、とされている。その理由は、西方にある極楽浄土を目指したからではない。西国には外様大名が多くおり謀反が起こる可能性があり不安なので、自分の像を西向きに建てるよう指示した、とされている。少なくとも『徳川実紀』の編纂者は、家康が臨終行儀をする必要があったとは考えなかったのだろう。

（3）浦井正明『もうひとつの徳川物語』誠文堂新光社、一九八三年。家康と同じく神とされた豊臣秀吉も、死後、すぐに遺体を伏見城から運び出されている。

神になる

その後、家康の祭祀は、当初は梵舜が取り仕切った。梵舜は、かつて秀吉からの信任が厚く、秀吉を豊国大明神《とよくにだいみょうじん》として豊国社に祀った中心人物である。[4] 豊国神社は、豊臣氏滅亡後、家康の命令で社殿を破却されたものの、梵舜はその後も家康から神道の講義を請われるなど、信頼されていた。梵舜の吉田神道は、他の神道諸派とは異なり、死の穢れを忌むことはない。それゆえ、吉田神道で死者を祀るのが一般的だったのである。[5]

さて、その後、家康の神号について、大明神とすべきだとする梵舜及び崇伝と、家康から生前に権現《ごんげん》としてほしいといわれたと主張する天海とのあいだで論争となった。本当に天海が家康からそのようにいわれたかどうかは不明である。とにもかくにも、天台僧である天海は、山王一実神道《さんのういちじつしんとう》[6]によって権現として祀るべきである、と強く主張したのである。

のちの書物によれば、最後は、天海が「明神は良くない。豊国明神を見てもみなさい。良いといえるのか?」といい放ち、将軍秀忠は山王一実神道で権現として祀ることに決めた、ということである。結局は天海の主張が通り、元和三年(一六一七)、東照大権現《とうしょうだいごんげん》の神号と正《しょう》一位の神階が朝廷から贈られたのであった。

ちなみに、家康の遺言では、日光山に小さい堂を建てて霊を勧請するようにとのこ

(4) 秀吉自身は、遺言で、「新八幡」として祝われたいという意向を伝えていた。しかし、勅許がなかったために豊国大明神とされることになった。

(5) 曽根原理『神君家康の誕生――東照宮と権現様』吉川弘文館、二〇〇八年。吉田兼倶(一四三五―一五一一)から、死者の霊に大明神号を授与するようになり、吉田家の当主は、代々、家の守護神としても祀られるようになった。

(6) **山王一実神道** 天台宗の神道。

とであった。しかし実際には、幕府は日光に東照社を建立し、遺体も華やかな儀式とともに移した。(7)

極楽浄土への往生は求めない？

さて、前述したように、代々松平家は浄土宗に帰依しており、浄土宗寺院である大樹寺を菩提寺としていた。家康が江戸に移ったのちには、同じく浄土宗の増上寺を菩提寺とした。その上、家康は、葬礼は増上寺で行なうように遺言もしている。家康は浄土宗寺院を重んじ、日課念仏も行なっていた。とすれば、来世は極楽往生を願うのが一般的であろう。ところが、家康が臨終時に念仏を唱えた気配はなく、臨終行儀を行なってもいない。

このような傾向は、その後の江戸幕府の将軍にも確認できる。たとえば、三代将軍徳川家光（一六〇四―一六五一）は、臨終時、息子家綱（一六四一―一六八〇）のことを案じて、叔父の徳川頼房《とくがわよりふさ》とその息子光圀《みつくに》、さらには異母兄弟の保科正之《ほしなまさゆき》らに家綱の今後を頼み、(8)特に東照大権現を信仰しているから、まず遺体はすぐに東叡山寛永寺《とうえいざんかんえいじ》へ移し、その後、日光にある天海の墓所の近くに廟《びょう》を造営するよう指示した。家康の眠る場所の近くに自身の廟を造立するのは恐れ多いため、天海の墓所の近くとするように命じた、と伝えられている。(9)家光に関しても、臨終行儀をしたとする記録はない。

（7）経緯については、中村孝也『徳川家康公伝』（東照宮社務所、一九六五年）に詳細に記されている。

（8）『江戸幕府日記』『会津藩《あいづはん》家世実紀《かせいじっき》』など。

（9）『江戸幕府日記』より。

臨終行儀への関心の薄れ

そもそも浄土宗の開祖とされる法然は、晩年には、日ごろから念仏を唱えていれば必ず往生できると説き、臨終行儀を不要なものと見なしていた。それにもかかわらず、弟子たちは臨終行儀を重んじ、臨終行儀書も書いた。たとえば、浄土宗の僧が臨終行儀について書いた書物としては、聖光《しょうこう》の『浄土宗要集』や『念仏名義集《ねんぶつみょうぎしゅう》』、良忠《りょうちゅう》の『看病用心抄《かんびょうようじんしょう》』がある。さらに近世になっても、慈空《じくう》『臨終節要《りんじゅうせつよう》』、可円《かえん》『臨終用心』が出されている。近世には、浄土宗の僧侶によって、往生伝が盛んに記され、そこにも臨終行儀についての記述が多くある。

それに対して、家康は臨終行儀もせず、死後には神として祀られることを願ったのである。つまりは、極楽往生を遂げて仏になるのではなく、この世の一角に神として留まり、この世に影響を及ぼし続けることを願ったことになるだろう。このようなことを願ったのは、家康ばかりではない。豊臣秀吉も同様である。秀吉も自身を神として祀ることを願って息を引き取った。

前述したように、古代や中世前期では、この世に執着を残すと往生の妨げになると考えられ、臨終の瞬間に執着がないよう、細心の注意が払われていた。それに対して秀吉は、息子秀頼の将来を非常に心配し、病床に家康らを呼び寄せ今後のことを頼んでいる。このように秀吉は執着を残して死んでいるのである。が、秀吉の死に際の執着について、往生の障りになるのではないかと問題視はされなかった。要するに、秀吉や家康の時代には、かつてよりは極楽往生への切望は薄れており、臨終行儀を当然のようには行なっていなかったことになる。

近世には、権力をもった人間が死後に神とされる事例が急増する。[10] この時期には、社会全体からすると他界への意識が薄れてきているといえよう。極楽浄土は中世前期ほどにはリアリティをもって受け入れられなくなった。中世前期では、現世にとどまる霊魂は、浄土にいけなかった霊魂、つまりは問題のある霊魂であった。次第に霊魂観は変遷し、死後における浄土での救済よりも、この世で充実した生を求めるようになった。[11] このような傾向は、すでに中世後期からみることができる。たとえば、前述した楠木正成は、あえて往生を願わず、現世での敵への報復を選んだと語られている。現世を苦で満ちた世界として厭離する考え方は、明らかに後退しているといえよう。

中世後期以降、他界浄土の観念が縮小し、死者は遠い浄土ではなく、この世にある墓地に眠ると考えられるようになった。近世には、死者を神として祀る傾向が強まっていく。[12] 神とされたのは、家康だけではない。秀忠の息子で会津藩主の保科正之（一六一一―一六七二）や垂加神道《すいかしんとう》を創始した山崎闇斎《やまざきあんさい》（一六一八―一六八二）も神とされている。陸奥白河藩主で寛政《かんせい》の改革で知られる松平定信《まつだいらさだのぶ》（一七五八―一八二九）は、至誠《しせい》を貫けば人は神になれると考えていた。定信は、自身の木造に神鏡を添えるなど、

（10）佐藤弘夫『ヒトガミ信仰の系譜』岩田書院、二〇一二年。

（11）前掲註10、佐藤弘夫著書。

（12）前掲註10、佐藤弘夫著書。

生前から神として祀られる準備をしていた。死後、遺言に基づき、守国《しゅこく》霊神の神号を受けている（のちに守国大明神とされる）。

庶民と臨終行儀

将軍など、支配層の人々のあいだでは、臨終行儀は以前ほどには行なわれなくなっていた。しかしその一方、近世には、漢文ではなく、庶民向けに平仮名や片仮名で臨終行儀書や臨終行儀の具体的な実践例が記された往生伝が出されるようになる。出されたのは浄土宗の臨終行儀書ばかりではない。近世前期には、日蓮宗の臨終行儀書『千代見草《ちよみぐさ》』も作られている。日蓮宗の信者にも、臨終行儀は必要なものだと考えられたためである。

近世には、檀家制度が確立し、寺と庶民の関係が緊密になった。僧は檀那《だんな》の死に際し、検死や引導、葬式執行の任務を負わされた。それによって、檀那の臨終時には僧が立ち会うことが増え、庶民向けの臨終行儀書や往生伝が出されるようになったのである。(13)

近世には、庶民向けに臨終行儀書や往生伝が多く出されたものの、その一方で他界観は薄れ、死後は神になり、この世を見守り続けたり影響を与えたりすることを望む者も出てきた。近世中期以降になると、しばしば庶民も自身の意志によって神と崇め

(13) 神居文彰・田宮仁・長谷川匡俊・藤原明子『臨終行儀——日本的ターミナル・ケアの原点』渓水社、一九九三年。

られるようになっていく。[14] 近世社会では、臨終行儀書や往生伝が盛んに制作された一方で、死後に望むのは往生ばかりではなくなっていたのである。

近世人も、死後の世界には大いに希望をもっていた。それだからこそ、家康は葬儀や死後の祀り方なども生前に指示し、東照大権現として決して死ぬことのない永遠の「命」を得たし、松平定信のように神になるための準備に生前から余念がない者もいたのである。

(14) 近世期に庶民が神とされるようになったことについては、前掲註10、佐藤弘夫著書で詳しく論じられている。

12. みんなで一緒に入水往生
——『入水往生伝』の尼四人

近世の往生伝

往生伝は、一〇世紀の慶滋保胤《よししげのやすたね》『日本往生極楽記』以来、古代には文人貴族によって、中世になると僧侶（特に念仏聖《ひじり》）によってまとめられてきた。中世の往生伝は、法然教団の往生者や、高野山や園城寺《おんじょうじ》の往生者といったように、一宗派、もしくは一寺に限る専修《せんじゅ》的な傾向が強く、往生に特化した話よりも僧の伝記が中心となる傾向がある。(1) 近世になると、『日本往生極楽記』『本朝往生伝』といった古代の往生伝の覆刻が求められて出版され、さらには『緇白《しびゃく》往生伝』や『新聞顕験《しんもんけんけん》往生伝』『現証往生伝』『勢州緇素《しそ》往生験記』をはじめとする往生伝が編まれた。近世の往生伝は、主に浄土宗僧侶の布教のための書として編纂されたものである。

（1）長年、古代と近世には往生伝が編まれたものの、中世には往生伝は生まれなかった、とされてきた。しかし、中世に往生伝が生まれなかったというのは誤りである。中世の往生伝については、谷山俊英『中世往生伝の形成と法然浄土教団』（勉誠出版、二〇一二年）や、田嶋一夫『中世往生伝と説話の視界』（笠間書院、二〇一五年）で詳細に論じられている。

近世後期には、『近世見聞南紀念仏往生伝』や『近世念仏往生伝』『近世淡海《たんかい》念仏往生伝』『専念往生伝《せんねんおうじょうでん》』『尾陽往生伝』『三河往生験記』などが編まれた。近世後期の往生伝は、漢文体ではなく和文体で編まれている。庶民にとっては、漢文体は非常に難解であったからである。漢文体から和文体への変化は、庶民を読者の対象とするようになったことを示している。

また近世後期になると、特定地域を舞台に編纂がなされるようになっていく傾向にある。『近世念仏往生伝』を別として、『近世南紀念仏往生伝』は紀伊、『近世淡海念仏往生伝』は近江、『専念往生伝』は尾張と三河、『尾陽往生伝』は尾張、『三河往生験記』は三河となっている。(2) つまり、往生伝の編纂は、念仏の教化活動が活発な地域を中心になされていたと考えられる。(3) 近世後期に特定の地域を舞台に編纂がなされたことは、この時期の庶民による社寺参詣の流行とも関係しているのだろう。

さて、近世後期の往生伝の一つに、専修念仏者の音空《おんくう》と公阿《こうあ》（公阿弥陀仏旦空《こうあみだぶつたんくう》）によって編まれた『入水往生伝《じゅすいおうじょうでん》』がある。『入水往生伝』は、浄土宗の法然の流れを汲む専修念仏者（ひたすら念仏だけを唱える者）で尾張国鳴海《なるみ》に住む亮光《りょうこう》を師として仰いだ四人の尼（亮月《りょうげつ》、亮順《りょうじゅん》、亮信《りょうしん》、亮縁《りょうえん》）の入水往生に関する伝である。(4)『入水往生伝』の冒頭には、音空と公阿のもとに、ある者から四人の尼の入水往生について書いたものが送られてきて、音空と公阿がそれを「訂正潤文」して出版することになった、

（2）笠原一男編『近世往生伝の世界――政治権力と宗教と民衆』教育社、一九七八年。

（3）前掲註2、笠原一男編書。

（4）亮光については、鳴海土風会編『なるみ叢書一四　泉谷亮光上人伝』（鳴海土風会、一九六六年）に詳しく書かれている。

とされている。『入水往生伝』の末尾によると、四人の尼が入水往生を遂げて初月忌《がっき》日にあたる慶応元年（一八六五）一一月一五日に編集したという。

『入水往生伝』は、のちに『専念往生伝』（初編・二編）の二編巻一に収録されることになる。(5)『専念往生伝』は、音空と公阿によって、主に尾張国と三河国の往生者の伝を中心に編まれた往生伝である。初編の冒頭には、専修念仏の教えを勧め、極楽往生を遂げられるために、見聞きした往生人の伝記を記したものである、と編纂の目的が示されている。ちなみに『専念往生伝』二編は、慶応四年（一八六八）前後に編まれている。

『専念往生伝』二編巻一では、「亮月法尼」「亮順法尼」「亮信法尼」「亮縁法尼」の各往生伝が収められ、「亮縁法尼」の伝で四人の入水往生の詳細がまとめられている。多くの往生伝の中でも、集団で自害往生を遂げたとするパターンは珍しい。『入水往生伝』が非常にインパクトのあるものだったから、『専念往生伝』にも収録されることになったのだろうか。ただし、『専念往生伝』では、『入水往生伝』の初めの三丁(6)は割愛されている。(7)

『入水往生伝』からは、近世末期の尾張国及び三河国における専修念仏者の信仰や死に対する考え方をうかがうことができるので、まずその概略を紹介していきたい。

(5)『専念往生伝』は、笠原一男編『近世往生伝集成』二（山川出版社、一九七九年）に翻刻及び解説が掲載されている。

(6)「入水往生之図」や、自害往生を称賛した歌、出版の経緯などが記されている。

(7) 慶応元年に編まれた『入水往生伝』自体は、いまだ書籍や雑誌などで翻刻はされていない。

四人の尼

四人の尼は、いずれも尾張国鳴海の亮光を師として、かつて法然が説いた専修念仏の教えを聴く。まず、尾張国愛知郡部田村《へたむら》出身の亮月は、一四、五歳の頃から極楽浄土への往生を願い念仏していた。一九歳で出家し専修念仏の教えに傾倒し、現世を厭《いと》い極楽往生を願う気持ちを増して、一日に三万回、時には四万回、あるいは五万回もの念仏を唱えたという。亮月は、ときどき、法然の法語などの書物も読んでいたとされている。亮順らと、「早く浄土に往生を遂《と》げたいものですね」と語り合い、慶応元年の元日から一〇月一五日の往生のときまで別時念仏《べつじねんぶつ》を二六六日も行なった。このときすでに亮月は眼病によって失明していたが、その回復を祈ることもなく一心に念仏を唱えた。すると、なんとしたことか、昔のように見えるようになったという。『入水往生伝』では、念仏の利益によるものだ、とされている。入水往生したのは、二六歳の時であった。入水する前に、衣類や調度などは、すべてこっそりと人に施し与えていた。執着の念が残らないようにするためである。

次に、三河国碧海郡《へきかい》西境村出身の亮順について見ていきたい。亮順は、もとは真宗の東本願寺の門徒であったものの、さまざまな寺に参詣し極楽往生について聴聞しても疑心の念が消えなかった。ところが、あるとき亮光の説法を聴聞したところ、長年の疑心が晴れたという。そこで一九歳のとき、両親に懇願して亮光のもとで剃髪受戒して尼となった。その後、亮月と同心し、「捨身往生《しゃしん》」を思い立つことになる。亮月と同様、もろもろの仏や神に現世利益は祈らず念仏に専修し、衣類や調度を入水前に施与した。入水往生したのは、二三歳のときであった。

三人目の尼、亮信は、亮順と同郷であり、農夫の娘であった。禅の教えを好んでいたものの、慶応元年初夏の頃に、亮光の説法を聴聞し、心を改め専修念仏の徒となった。亮月、亮順と同じ気持ちをもち、「捨身して同時に極楽浄土に往生しましょう」と約束した。二四歳であった。

四人目の尼、亮縁は、尾張国愛知郡上高根村の農夫の娘であった。一六歳のとき、専修念仏者の夫婦の家の下女となり、主の妻に伴って亮順の庵で行なわれた亮光の法話に参加した。それがきっかけとなって念仏を唱えるようになり、亮光を師として剃髪受戒し、一日に三万回念仏を唱えることを誓った。その後、亮月、亮順、亮信とともに、一七歳で入水往生を遂げた。

入水往生の当日

『入水往生伝』では、四人の尼の紹介が述べられたうえで、入水当日の様子が語られている。それによれば、尼たちは、一〇月一五日、日没過ぎに亮順の庵に集まってともに励声念仏《れいしょうねんぶつ》(8)をした。夕方、清浄にした風呂で沐浴し、心身を清くしたのち、法衣

(8) 励声念仏　声を励ましてする念仏。

を着て姿勢を正して本尊の前に至り、実に良い匂いの香を焚き、近所の人々が驚くほどに念仏した。それから四人はひそかに庵を出て、尾張国愛知郡藪田《やぶた》村の池で往生の望みを果たしたのであった。

その後、池の近くに四人の草履と傘が捨ててあるのを見つけた通りがかりの者が、傘に亮月の本家の印を見つけ、急いでそのことを本家に告げにいった。すると、亮月の父は、この話を聞いて急いで見に行こうとする妹婿に対し、往生をしそこなってしまうとかねてからの願いを遂げられなくなってしまう、といって制した。翌朝、池に行って見ると、四人はともに苦痛なさげに合掌し頭を低く垂れて礼をする姿であったので、見聞の人々は随喜讃嘆したのであった。

入水から二日後にあたる一七日、四人の死骸を水中から出してみたところ、顔色はきれいであり、微笑して合掌する左の手には念珠をかけ、水を飲んだ様子もまったくなかったという。これを見聞した人々は、もとから信心がある者はさらに信心を増し、不信の者はたちまちに信心を起こした、ということである。

往生の証拠

『入水往生伝』では、四人の尼が往生したと判断できる根拠として、まずは、死体が二日間水中にあっても腐乱しなかったことを挙げている。その上、水中の尼たちは笑みを浮かべ、水を飲んだ様子でもなかった。これは通常ではありえないことだろう。往生者の死体が腐乱しなかったとする伝は、古代や中世の往生伝にもしばしば見えるので、往生した証拠を示すためにこのようなことが書き連ねられたのである。

さらに、往生したと判断できる根拠として、『入水往生伝』では、入水の時刻前後に奇瑞を見た者が非常に多かったことを挙げている。たとえば、藪田村の庵主《あんじゅ》(9)である観山は、「夜四つ時過る頃」(午後一〇時過ぎ頃)に外に出たところ、西から北に光明がさし、照り輝くのを見たという証言をした、とされている。その後、観山が「同夜七つ過る頃」(午前四時過ぎ頃)、勤行《ごんぎょう》をしようと起きて空を仰ぎ見たところ、光明は先ほどと同じようで、とりわけ北方が非常に明るかった、とされている。これについて観山は、初めに見た光明は、尼たちが入水前に念仏をしていた頃で、「化仏菩薩」が先に池の上に降臨した際の瑞光であり、後に見た光明は仏菩薩が来迎《らいごう》した際の光明である、と称賛したという。ちなみに、尼たちが入水した池は観山の庵よりも北にあたるので、北が明るく見えたのだ、とされている。

また、藪田の隣村にあたる上高根に住む勝四郎の妻は、入水の夜に寝覚めたところ、夜明けのように明るかったので、外に出てみると、不可思議な光明が天に輝き照らしていたという。『入水往生伝』には、これらの他にも光明の目撃談が多数載せられている。その上、亮順と親しかった「その」という女性が、亮順ら四人の尼がともに舟

(9) 庵主　仏道修行のための庵室を構えている主の僧。とくに、尼僧。

一艘に乗り、極楽浄土がある西の方に向かって去っていった夢を見た、ともされている。

極楽浄土や阿弥陀仏の姿そのものを見た人間はいない。不可視のものを信じきることは、実に難解である。つい疑心暗鬼になってしまうのが、我ら人間というものなのだろう。これは、『入水往生伝』が書かれた近世末期においても同様である。それだからこそ、伝記の真実味を増すべく、くどいほどまでに光明の目撃談や夢が記録されたのであった。

『入水往生伝』編纂の目的

『入水往生伝』の最後には、この

『入水往生伝』（稲垣泰一氏個人蔵）にある、入水の場面。

伝はただ専修念仏を勧めるために記録したのであって、自害を推奨するために語ったものではない、とされている。自害を推奨するために書かれた伝ではないことは、『専念往生伝』二編の冒頭でも、「伝の中に、『捨身往生』の伝を入れたけれど、それは仏道に帰依する心が堅く極楽往生を願い求めた人のことであって、信心が定まらない者はなすべきではない。特に自害については仏教において抑止と称揚の両方の考え方があり、さらには国で制していることでもあるので、利口ぶってやろうとすべきではない」と諌めている。

音空らは、このような断り書きまでしているように、決して自害を積極的に推奨はしていない。ただし、結果としては、自害という手段により往生を遂げた者たちを称賛したことにはなる。堅固な信心を持って往生を願い求めてさえいれば、自害してもよいということになるのではないだろうか。

中世にも、自害往生に批判的な意見を持つ者はいた。批判の理由は、自害のときに後悔の妄念が生じ正念《しょうねん》が妨げられる可能性があると考えられたからである（第六章参照）。それに対して、近世後期の『入水往生伝』及び『専念往生伝』には、そのようなことは見えない。自害往生に対する問題意識は、時代によって変化が見られる。この点は興味深いところである。

ちなみに現代では、自殺をいかに予防するかが社会的に重要な課題の一つであり、その対策が急務とされている。自殺志願者の相談窓口となっている寺院も多くある。自害往生を是とする風潮は、もはや現代の日本にはない。

専修念仏者と臨終行儀

さて、『入水往生伝』の初丁表中央には、「南無阿弥陀仏　亮光」とあり、その両脇には次の歌が書きつけられている。

　よし水の清きなかれを濁りなくそのまゝくめよ後のよのとも

（法然聖人が説いた専修念仏の教えの清い流れを、濁ることなくそのまま汲みなさい。後の世の友よ。）

「よし水」とは吉水《よしみず》、すなわち法然の草庵があった地である。『入水往生伝』は、専修念仏をして極楽往生した四人の尼を称賛する往生伝である。したがって、この四人の尼は法然の教えを「濁りなく」汲んでいた者の例であることになる。

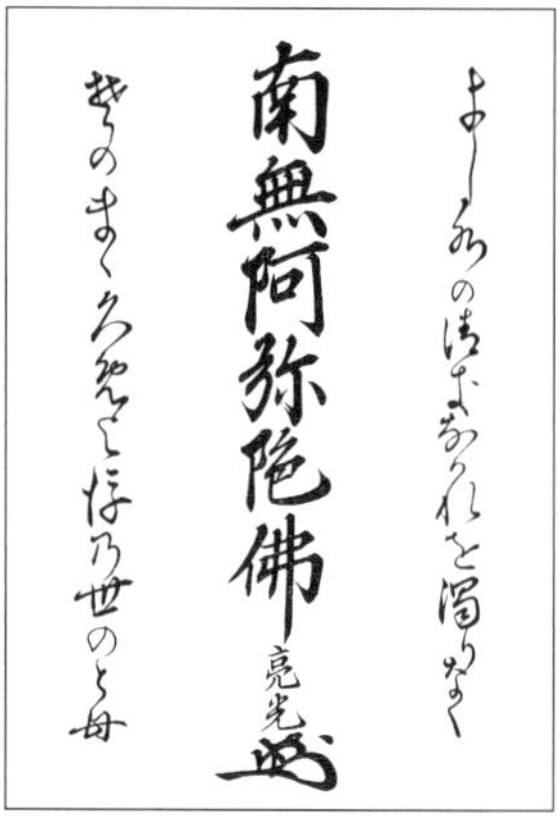

『入水往生伝』初丁

しかし、そもそも法然は、六〇歳以降、臨終行儀を否定していた。日ごろから念仏を唱える者は、必ず臨終時に正念となり、正念となることにより来迎があるのだから、臨終行儀は不要である、と説いたのである。けれども、もともと自害往生は、臨終正念のために行なう行為である。四人の尼たちに関していえば、臨終正念のために入水したとは記されていないものの、入水する前に清浄な風呂に入って沐浴し身も心も清くした上で法衣を着、威儀を整えて念仏をした、とされている。これは、まさしく、古代や中世の往生伝にみえる臨終行儀そのものである。『入水往生伝』を編輯した音空と公阿は、往生のためには臨終行儀が大切だと考えたのであろう。[10] だからこそ、入水前に身も心も清くしたことを記録したのである。『入水往生伝』は、近世末期における専修念仏者の臨終のありようへのこだわりを、よく伝えた伝記であるといえよう。

　前述したように、『入水往生伝』は漢文体ではなく和文体で書かれている。その上、往生した四人の尼のうち二人はあえて農夫の娘だと書かれているので、庶民への勧進を意識して編輯された往生伝であると考えられる。近世末期には、このような尼たちの伝が庶民の専修念仏への傾倒をうながすきっかけとなる、と期待されたのであった。

　それにしても、現代人の多くは、少しでも早く極楽浄土へ往生したいからと集団自殺を遂げた尼たちの話を、異常な話として大いに違和感を持つのではないだろうか。もし現在このようなことがあれば、称賛されるどころか、狂信的な信者による異常な

（10）亮光は、明治一五年（一八八二）に『吉水正流 古今西方往生記』を編集し、「西方真教主 一向専修念仏沙門亮光」と名乗っている。『吉水正流 古今西方往生記』は、畿内と東海地方に住む往生者を中心としてまとめられた伝記である。

集団自殺事件として批判的に大きく報道されることだろう。とてもではないが、布教の材料とするどころの話ではない。自害や信仰に対する考え方は、一九世紀後期と現代とでは大きく異なっているといわざるをえない。

ただし、そうではあるものの、人間にとって、いかにして死の恐怖から逃れるか、さらにはどのようにして安らかな死を迎えるか、ということは時代を問わず大きな問題である。四人の尼は、極楽浄土への往生を願い求めることにより、さらには四人でともに一息に自害することにより、この大問題を乗り越えようとしたのであろう。なかなかできることではない。若いにもかかわらず、死の恐怖を信心によって乗り越えようとしたからこそ、称賛の対象になったのである。『入水往生伝』には、大問題の解決方法の一例を世に示す、という意味もあったのではないだろうか。

13. 死顔へのこだわり――宮沢賢治

浄土真宗の家に生まれて

宮沢賢治（一八九六―一九三三）は、『風の又三郎』や『銀河鉄道の夜』をはじめとする作品で知られる詩人・童話作家である。法華経を厚く信仰したことでも知られている。賢治は、いかに死を迎えるべきだと考えたのだろうか。

賢治は、岩手県花巻《はなまき》で「財ばつ」とまで呼ばれた裕福な家の長男として生を享けた。宮沢家の家業は、質・古着商であった。理財家の父政次郎《まさじろう》は、浄土真宗の東北地方総監として島地黙雷《しまじもくらい》や暁烏敏《あけがらすはや》、島地大等《しまじだいとう》といった著名な浄土真宗の学者を招いて毎年講習会を行なうほどに、篤実な信仰者であった。賢治は、大いにその影響を受け、盛岡中学四年生のとき、父宛の手紙（明治四五年（一九一二）一一月三日）に「歎異鈔《たんにしょう》第一頁を以て小生の全信仰と致し候」としたためている。ちなみに『歎異抄』とは、親鸞の弟子唯円がその教えについて書いた書物である。

賢治の信仰に転機がおとずれたのは、大正三年（一九一四）、父からもらった島地大等編『漢和対照 妙法蓮華経』を読んだときである。賢治は、身震いするほどに感動し、それ以降、法華経信仰に傾倒していくことになる。大正五年、盛岡高等農林学校農学科二年生の賢治は、寮で法華経の読経をし、同級生を驚かせていた。同級生の一人であった来栖義一《くるすぎいち》は、のちに賢治について、授業の合間に何かの拍子に経を唱えることもしばしばであり、あまりにもそれが流暢なので、驚くというよりも呆気にとられたとし、「当時の学生で宗教に心を打ちこむなど誠に異例に属していた」と述懐している。(1)

法華経信仰への傾倒

その後の賢治は、法華経への傾倒をさらに深めていくことになる。たとえば、盛岡高等農林学校の同級生、保阪嘉内《ほさかかない》に宛てた手紙（大正七年六月二〇日前後）には、次のようにしたためている。

> 私の家には一つの信仰が満ちてゐます　私はけれどもその信仰をあきたらず思ひます。勿体のない申し分ながらこの様な信仰はみんなの中に居る間だけです。早く自らの出離の道を明らめ、人をも導き自ら神力を具へ人をも法楽に入らしめる。

（1）来栖義一「宮沢賢治君の横顔」続橋達雄編『宮沢賢治研究資料集成』一四、日本図書センター、一九九二年。

それより外に私には私の母に対する道がありません。

ここには、宮沢家の浄土真宗への信仰では飽き足らないとする思いが率直に吐露されている。法華経信仰により他人をも導きたい、それこそが孝行の道でもあるという強い思いが述べられているのである。

さらに同年六月二六日、保阪の母が亡くなったときに保阪に宛てて出した手紙では、次のように述べている。

あなた自らの手でかの赤い経巻の如来寿量品《にょらいじゅりょうぼん》を御書きになつて御母さんの前に御供へなさい。あなたの書くのはお母様の書かれると同じだと日蓮大菩薩が云はれました。あなたのお書きになる一一の経の文字は不可思議の神力を以て母様の苦を救ひもし暗い処を行かれれば光となり若《も》し火の中に居られれば（ああこの仮定は偽に違ひありませんが）水となり、或は金色《こんじき》三十二相を備して説法なさるのです。

ここでいう「かの赤い経巻」とは、かつて賢治が保阪に贈った、島地大等編『漢和対照 妙法蓮華経』のことである。『法華経』「如来寿量品」の写経をして供えることによって、地獄をはじめとする悪道に堕ちてしまったかもしれない母を救えるのだと説得しているのである。しかし、それにしても、一応「（ああこの仮定は偽に違ひありませんが）」と書かれてはいるものの、母を亡くしたばかりで悲嘆に暮れているであろう保阪に向かって、母親が火で焼かれているかもしれないから写経をしろなどとせっつくとは、いくら強い信念があったとしても、あまりにもデリカシーに欠けている。

国柱会への入会

さて、これほどまでに厚く法華経を信仰していた賢治は、ついに大正九年（一九二〇）、花巻を出て東京の国柱会《こくちゅうかい》に正式に入会した。国柱会とは、田中智学《たなかちがく》により創始された日蓮主義の在家宗教団体である。田中智学は、一度は日蓮宗の宗門に入ったものの、その宗旨に疑問をもち還俗して国柱会を作ったのである。智学は、摂受《しょうじゅ》[2]ではなく、折伏《しゃくぶく》[3]により仏法を説かねばならない時代だと主張し、賢治もその影響を大いに受けていた。妹シゲによると、父に対しても「お父さんの信仰する真宗は、まったく無気力そのものです」と激しい調子で批判し、ひどく争ったという[4]。賢治は、国柱会の折伏を、個の解脱を目指すのではなく、世界全体の救抜を目的とする社会的に意義深い行為と認識し、実践していた[5]。つまりは、折伏により正しい仏教の教えを説くことこそが、衆生の救済になると考えたのである。国柱会に入会した賢治は、保阪嘉内

（2）摂受　寛大な心で他を受容して仏法に導く方法。

（3）折伏　悪人を打ち砕き屈伏させて仏法に導く方法。

（4）境忠一『評伝宮沢賢治』桜楓社、一九七五年。

（5）千葉一幹『宮沢賢治』ミネルヴァ書房、二〇一四年。

宛の手紙（大正九年一二月二日）に、次のように述べている。

今度私は
国柱会信行部に入会致しました。即ち最早私の身命は
日蓮聖人の御物です。従って今や私は
田中智学先生の御命令の中に丈《だけ》あるのです。

この手紙では、「国柱会信行部」「日蓮聖人」「田中智学先生」の箇所でそれぞれ改行がされている。おそらく、敬意を表すために、あえて改行したのだろう。この手紙からは、日蓮や田中智学をいかに信奉していたかがわかる。賢治は、保阪に頻りに手紙を送って国柱会への入会を勧め、「一緒に正しい日蓮門下にならうではありませんか」（大正九年一二月上旬）や、「一緒に一緒にこの聖業に従ふ事を許され様ではありませんか。憐れな衆生を救はうではありませんか」（大正一〇年一月中旬）と呼びかけている。

さぞかし賢治の国柱会入会は、父政次郎にとって大きなショックだったことだろう。ついに賢治は、大正一〇年一月、父との信仰上の争いや家業を継ぐのを嫌ったことなどから家出を敢行し、国柱会本部をめざして上京することになる。

上京した賢治は、文信社という小さな印刷会社で校正係として勤め、国柱会での奉仕活動にいそしんだ。上京中、父宛の手紙（大正一〇年二月二四日）にも「法華経日蓮聖人」に早く帰依するように求め、そうでなければいくら帰ってこいといわれても帰らない、とまで書いている。父母にとっては頑なで困った息子だっただろうが(6)、賢治にとっては、それこそが父母や一家を救済する道だったのである。

妹トシの死

ところが、大正一〇年九月、頑なに決意していた賢治のもとに、信仰を同じくする同志であり、最愛の妹のトシが結核により喀血したという知らせが舞い込む。トシは、この時代に日本女子大学を卒業し、母校花巻女学校の教諭となるほどの才媛であった。結核になると、もう助からないと考えられていた時代である。驚いた賢治は、急遽トシのために花巻に戻り、稗貫《ひえぬき》農学校の教師となった。トシの病状は次第に悪化し、とうとう翌年一一月二七日に二四歳の若さで逝去することになる。そのときの様子は、賢治の作品や近親者からの聞き書きにより知ることができるので、見ていきたい。

二七日は、朝からみぞれが降っていた。トシは一〇秒に二回しか脈がない危険な状態となっていた。高熱に悶え苦しむトシは、花巻弁で「あめゆじゆとてちてけんじや」（あめゆきをとってきてください）と賢治に頼み、みぞれを食べたという。

（6）賢治と父は、たびたび口論をした。信仰のことだけではなく、賢治がなかなか定職に就かないことも、父の悩みの種だったようである。賢治の妹シゲは、「兄さんのやりたいことは、私たちにはみんな夢のようなものに見え、私たちでさえ何だか危いような感じがしてなりませんでしたから、お父さんにすれば、反対するのが当然だったと思います」と述べている。ただし、政次郎と賢治は、本当に仲が悪かったわけではない。妹のシゲとクニの話によると、ときには冗談をいいあい、父が賢治を「兄ナも、詩人のハシクレのようなものだかナ」と褒めたこともあったようである。父は、「お前の書くものなどは、まったくチンプンカンプンで、オレには、ひとつもわからない。そんなものを、世の中の人が読んでくれると思っているのか」と賢治に向かっていったこともあるが、賢治の通夜の席で「あれが天才であることは、若いときからとっくり知っておりました。しかし私ら家の者まで、世間といっしょになって、天才だなどと言っては絶対いけないと思っていました」と告白している（森荘已池『宮沢賢治の肖像』津軽書房、一九七四年）。

死に臨むトシの様子は、賢治の生前に出版された唯一の詩集『春と修羅』第一集に収録された「永訣の朝」「松の針」「無声慟哭」に書かれている。この三つの詩には、トシの命日である一一月二七日の日付が付されている。「無声慟哭」の次の箇所をご覧いただきたい。

信仰を一つにするたつたひとりのみちづれのわたくしが
あかるくつめたい精進のみちからかなしくつかれてゐて
毒草や蛍光菌のくらい野原をただよふとき
おまへはひとりどこへ行かうとするのだ
（おら、おかないふうしてらべ）
何といふあきらめたやうな悲痛なわらひやうをしながら
またわたくしのどんなちいさな表情も
けつして見遁さないやうにしながら
おまへはけなげに母に訊くのだ
（うんにや　ずゐぶん立派だぢやい
けふはほんとに立派だぢやい）
ほんたうにさうだ

髪だつていつさうくろいし
まるでこどもの苹果の頬だ
どうかきれいな頬をして
あたらしく天にうまれてくれ
　（それでもからだくさえがべ？）
　（うんにや　いつかう）
ほんたうにそんなことはない
かへつてここはなつののはらの
ちいさな白い花の匂でいつぱいだから
ただわたくしはそれをいま言へないのだ
　（わたくしは修羅をあるいてゐるのだから）
わたくしのかなしさうな眼をしてゐるのは
わたくしのふたつのこころをみつめてゐるためだ
ああそんなに
かなしく眼をそらしてはいけない

トシは、「おら、おかないふうしてらべ（わたし、こわがっているふうをしているでしょう?・)」と自分が死を恐れている様子であるかどうかを、母に尋ねている。たしかにこの言葉は、母に投げかけられている。しかしトシは、賢治の表情を見逃さないようにしており、本当は信仰を同じくする賢治からの返答を欲しているのである。トシが諦めたような悲痛な笑いを浮かべた理由は、迫りくる死を恐れていたからに他ならない。賢治は、トシの髪がつやつやと黒いことや頬がリンゴ（苹果）のように赤いことを述べ、きれいな頬をして「天」に生まれてくれるよう、願っている(7)。ここでいう「天」とは、弥勒菩薩がいるとされる兜率天のことである。『法華経』「普賢菩薩勧発《ふげんぼさつかんぼっ》品《ぽん》」には、『法華経』にあるように修行をすれば、兜率天に生まれることができる、と説かれている。

また、トシは、「それでもからだくさえがべ?（それでも体が臭いでしょう?・)」と、死に際の体臭を非常に気にかけている。けれども賢治は、それをはっきりと否定できなかった。否定できなかった賢治の前で、トシは悲しそうに目をそらした、とされている。賢治がはっきりと否定できなかったのは、実際にたしかに体臭があったからであろう(8)。さらに、「わたくしは修羅をあるいてゐるのだから」とあるように、賢治の信仰に揺らぎがあったからに他ならない。はっきりと否定できない賢治を前に、信仰の同志トシは悲しげに目をそらしたのであった。

トシが死に際の様子や体臭を気にしていた理由は、その信仰にある。そもそも、賢

(7) 日蓮は、臨終正念《りんじゅうしょうねん》が霊山往詣につながると説いた（「上野殿御返事」「南条殿女房御返事」など）。霊山往詣とは、釈迦が法華経を説いた霊鷲山に往き詣でることである。それに対して、賢治は、霊山往詣ではなく、法華経信仰者の死後として兜率天への往生を想い描いていた。霊山往詣の前段階として兜率天への往生を捉えていたのであろう。

(8) 「松の針」には、高熱に苦しむトシについて「おまへがあんなにねつに燃され　あせやいたみでもだえてゐるとき」とある。

治とトシが崇拝していた日蓮は、臨終時に色が黒い者は地獄に堕ち、白い者は往生できると説いていた（「妙法尼御前御返事」）。また、信心が薄いものは、臨終のときに地獄に堕ちた相を示す、とも説いている（『顕立正意抄』）。賢治やトシが死の間際の様子にこだわるのは、このようなことによるのである。[9] 実際のところ賢治の書いた童話でも、臨終正念が意識されており、笑って息を引き取る描写がある。[10]

さて、トシの臨終の日、賢治はときどき二階から降りてきては「南無妙法蓮華経」と大きな声で唱え、トシにも寝たまま手を合わさせて同様に唱えさせた。この様子を目の当たりにした大正看護婦会の細川キヨ（トシの付き添い）は、次のように述懐している。

私は、まったくハラハラとして気が気ではありませんでした。とても弱っている病人に、あんなマネをさせてはよくないと思ったのです。うしろから、小指でつついただけで、つんのめってしまって倒れるような病人があるものです。としさんはそれと同じことです。でも信仰のためなら、それもしかたのないことだろうと思って黙っておりました。お父さんお母さんとちがう信仰に一生けんめいなのですから、付添いの私なんか何かいえる筋合いのものでもありませんでした。

（9）杉浦静「賢治文学における「死」のイメージと〈臨終正念〉」『近代文学論』七、一九七六年。工藤哲夫「トシの臨終と日蓮遺文・守護経」『叙説』二四、一九九七年。

（10）前掲註9、杉浦静論文。

賢治は、トシの呼吸と脈がなくなると、耳元へ口を寄せて「南無妙法蓮華経」と力いっぱいに叫んだ。トシは、頷くように二度息をしたあと、ついに亡くなったのであった。キヨによると、賢治は、押し入れをあけて布団をかぶり、号泣したという。

そもそも日蓮は、臨終時に題目を唱えると、生前の罪業を滅却させることができると説いていた（「妙法尼御前御返事」）。それだから賢治は、何度もトシの横で題目を唱え、トシにも唱えさせた。なんとかしてトシを兜率天に往生させようと、必死だったのである。

不安による揺らぎ

ただし、このように臨終正念にこだわった賢治であっても、トシの往生を確信することはなかなかできなかった。後にトシの死を悼んで作った「青森挽歌」には、次のようにある。

ほんたうにあいつはここの感官をうしなつたのち
あらたにどんなからだを得
どんな感官をかんじただらう
なんべんこれをかんがへたことか

むかしからの多数の実験から
倶舎がさつきのやうに云ふのだ
二度とこれをくり返してはいけない
おもては軟玉と銀のモナド
半月の噴いた瓦斯でいつぱいだ
巻積雲のはらわたまで
月のあかりはしみわたり
それはあやしい蛍光板になつて
いよいよあやしい苹果の匂を発散し
なめらかにつめたい窓硝子さへ越えてくる
青森だからといふのではなく
大てい月がこんなやうな暁ちかく
巻積雲にはいるとき……
　　（おいおい、あの顔いろは少し青かつたよ）
だまつてゐろ
おれのいもうとの死顔が
まつ青だらうが黒からうが

きさまにどう斯う云はれるか
あいつはどこへ堕ちやうと
もう無上道に属してゐる
力にみちてそこを進むものは
どの空間にでも勇んでとびこんで行くのだ
ぢきもう東の鋼もひかる
ほんたうにけふの…きのふのひるまなら
おれたちはあの重い赤いポムプを…
　（もひとつきかせてあげやう
　　ねじつさいね
　　あのときの眼は白かつたよ
　　すぐ瞑りかねてゐたよ）
まだいつてゐるのか
もうぢきよるはあけるのに
すべてあるがごとくにあり
かゞやくごとくにかがやくもの
おまへの武器やあらゆるものは

おまへにくらくおそろしく
まことはたのしくあかるいのだ
（みんなむかしからのきやうだいなのだから
けつしてひとりをいのつてはいけない）
ああわたくしはけつしてさうしませんでした
あいつがなくなつてからあとのよるひる
わたくしはただの一どたりと
あいつだけがいいとこに行けばいいと
さういのりはしなかつたとおもひます

（　）内は、賢治の内なる声である。内なる声によると、実際には、トシはリンゴのような頬ではなく青みがかった顔色で、白目をむいた姿で息を引き取ったのである。その死顔を見た賢治は、トシが兜率天に往生できなかったのではないかという不安にさいなまれる。天に往生できたと確信したいという強い思いがある一方で、息を引き取ったときの姿が悪道に堕ちたことを示すものだったのではないかという不安を拭いきれずにいたのである。

この挽歌からは、賢治の信仰に揺らぎが生じていたことも読み取れる。法華経の信仰では、一切衆生の成仏を祈ることが大事である。それにもかかわらず、自分はトシの往生ばかりを祈っているのではないか。そんな不安を賢治は抱えていたのである。だからこそ、この挽歌に「あいつだけがいいとこに行けばいいと　さういのりはしなかつたとおもひます」と、なんとも歯切れの悪い結びとなっている(11)。

トシが往生できたのかどうか不安に思う心情は、「宗谷挽歌」でも吐露されている。

私が波に落ち或ひは空に擲げられることはないだらうか。
それはないやうな因果連鎖になってゐる。
けれどももしとし子が夜過ぎて
どこからか私を呼んだなら
私はもちろん落ちて行く。
とし子が私を呼ぶといふことはない
呼ぶ必要のないとこに居る。
もしそれがさうでなかったら
（あんなひかる立派なひだのある
　紫いろのうすものを着て
　まっすぐにのぼって行ったのに。）

(11) 前掲註5、千葉一幹著書。

　　もしそれがさうでなかったら
　　どうして私が一緒に行ってやらないだらう。

　ここにも、トシの往生を確信できずにいる賢治の葛藤が表われている。往生できるよう、トシは綺麗な服を着て死に臨んだ。それにもかかわらず、賢治は確信できずにいた。死者が、どこへいったのか、残された者には確認することができない。確認することができないからこそ、いつの時代でも、このようなもどかしい不安は湧き出てくるのである。

　しかし現在、トシの死は、随分と美しく描写されがちである。たとえば、『小学館版 学習まんが人物館 宮沢賢治』と『コミック版 世

界の伝記⑳　宮沢賢治』には、トシが雨雪を賢治に頼み持ってきてもらう場面は描かれているものの、トシの病床で賢治が無理矢理に法華経を読ませる場面、トシが死を恐れる場面、トシが体の臭いを気にして不安そうにするのに賢治がそれを否定できない場面のほか、そのような賢治を目にしてトシが悲しそうに目をそむける場面も描かれていない。本来、こういったところにこそ、賢治やトシの信仰の真髄があらわれるはずなのであるが、それらはなかったことにされ、美化されている。

ああとし子《こ》
死《し》ぬといういまごろになって
わたくしをいっしょうあかるくするために
こんなさっぱりとした雪《ゆき》のひとわんを
おまえはわたくしにたのんだのだ
ありがとうわたくしのけなげないもうとよ
わたくしもまっすぐにすすんでいくから
(あめゆじゅとてちてけんじゃ)
はげしいはげしい熱《ねつ》やあえぎのあいだから
おまえはわたくしにたのんだのだ
(『永訣《えいけつ》の朝《あさ》』)より

小林可多入漫画、佐藤竜一監修
『コミック版 世界の伝記⑳　宮沢賢治』
(ポプラ社、2012年) より

その上、学習漫画の中のトシの死顔も実に美しい。青白い顔で白目をむいた姿などでは描かれていない。現代は、死の話題はタブーであり、家族形態の変化により人の死に立ち会う機会が大幅に減っている。死の直視を避けようとする現代の風潮が、子ども向けの学習漫画にも及んでいるのである。実際のところ、人間の死は、学習漫画で描かれるほど、単純でも美しくもない。トシの死顔のリアルな描写を詩に挿入するなど、死そのものを直視しようとした賢治。死に向き合おうとする彼の姿は、まったく表現されていないといえよう。

賢治の死

昭和八年（一九三三）九月二一日、急性肺炎により、賢治もこの世を去った。午前一一時三〇分、賢治が臥せっている二階から高々に「南無妙法蓮華経」と聞こえてきた。一階にいた父母らが驚き見に行ってみると、喀血して顔面は蒼白であった。賢治は、国訳の妙法蓮華経を千部作るよう、父に頼んだ。その表紙には「私の一生の仕事はこのお経をあなたの御許に届け、そしてあなたが仏さまの心にふれてあなたが一番よい、正しい道に入られますように」と書いてほしいと依頼したのである。法華経信仰による衆生救済への強い思いは、死の間際まで変わることはなかった。

その後、賢治は、母から手渡された水を気持ちよさそうに飲み、手や首、体をオキシフルで拭いて、「ああ、いいきもちだ」と繰り返した。母が部屋を出ようとすると、呼吸が変わり、手からオキシフルがポトリと落ちた。午後一時三〇分。三七歳であった。

賢治は、トシの死顔だけではなく、自身の死顔についても大変気にかけていたようである。詩人である母木光は、賢治のデスマスクについて、昭和八年一二月発行の

『日本詩壇』で次のように述べている。

私はこれまで、聖人高士と称さるゝひとびとの写真や彫刻や絵画を、さうとうにみてきたつもりでゐましたが、剃髪して棺に安置された宮沢さんのデスマスクほど、神聖なかんじをうけたことがありません。接したことがありません。それが何ものをしひたげず傷つけず、この世のもろもろの美もろもろの真もろもろの徳や善を愛しつゞけ、それを真実生活してこられたのに、死んだ後のかほ色を大へん気にしてをられたと聞かされて、わたくし共はさらに脱帽せずにはをられない気がしました。

賢治が顔色を気にした理由は、自身の往生を気にかけていたからであろう。あれほどまでに法華経を信仰しても、死に際における自身の顔色については不安に思っていたのである。篤実な法華経信仰者、宮沢賢治をしても、往生の確信は容易ではなかったことになる。

近代と臨終行儀

さて、近代になると、廃仏毀釈《はいぶつきしゃく》が要因の一つとなり、仏教離れがおこる。それもあり、宮沢賢治ほどに臨終正念にこだわった者は、決して多くはない。たとえば前述したように、トシの臨終時にともにいた細川キヨは、賢治がトシに題目を唱えさせる姿を見て、死期が早まるのではないかと気が気ではなかったと述懐していた。つまり、キヨにとっては、今にも息を引きとりそうな人間に題目を唱えさせるなどということは、考えられないことだったのである。

宮沢賢治の死に際へのこだわりようは、まるで前近代のそれを彷彿とさせるものである。ただし、そうではあるものの、前近代とは明らかに異なる点もある。たとえば、『春と修羅』第一集所収「松の針」には、死にゆくトシについて次のようにある。

ほんたうにおまへはひとりでいかうとするか
わたくしにいつしよに行けとたのんでくれ
泣いてわたくしにさう言つてくれ

これはあくまでも詩なので、実際に賢治がトシに向かってこのように呼びかけたかどうかは不明である。ただし、賢治は、トシが現世に執着しないよう努めてはいなかったことになるだろう。トシに付き添った細川キヨの述懐によると、賢治は、トシの死の床で、次のように大声で叫んだという。

としさん、としさん、キヨさんもいるよ、おどさんもおがさんもいるよ。みんないるよ、としさん、としさん。

キヨや父母が近くにいることを、賢治は大声で知らせた。そもそも、『往生要集』やその後に作られた臨終行儀書では、執着心を断つために、妻子などは近づかないようにとされていた。前章の『入水往生伝《じゅすいおうじょうでん》』（近世末期）でも、入水した娘の往生の妨げにならないよう、その父や義兄は入水した直後に様子を見に行くことを控えた、とされている。なぜならば、父母や兄も、現世への執着のもととなり、近寄れば往生の障害となるからである。

ところが、トシの臨終の床には、父母や兄弟がぐるりと囲んでいた。トシは家族に見守られながら旅立ったのである。賢治は、死にゆく者の現世への執着については、さほど気にかけていなかったといえるだろう。むしろ、父母や兄弟が臨終時にともにいることにより、安心感を与えることができると考えたのか、皆がともにいることを大声でトシに告げたのである。このような考え方は、現代に通じるといえるだろう。

近代人としては、異例なほどに死に際に強いこだわりをもった宮沢賢治。これは日蓮の信仰の影響を非常に強く受けたためのこだわりだった。ただし、たしかに近代人としては異例ではあるものの、死に際に関する考え方が現代とまったく異なっているかというと、決してそうではない。現代でも、近親者の死後の幸福を祈り続け、死後にどこで何をしているかを、死の直前のさまや遺体の様子によって探ろうとする傾向はある。トシの死を語る賢治の詩は、現代人にも共感できる部分が多いからこそ、多く読まれ続けているのである。

14. 美しく散るために
――アジア・太平洋戦争の戦死者たち

アジア・太平洋戦争と特別攻撃隊

アジア・太平洋戦争とは、第二次世界大戦のうち、日本と、アメリカ、イギリス、中国など連合国とのアジアにおける戦争のことである。戦闘は、東はハワイ諸島、西はインド、北はアリューシャン列島から中国の東北地方、南はオーストラリアの北岸に及び、非常に広い地域にわたった。

昭和一六年（一九四一）一二月八日、日本陸軍はイギリス領のマレー半島に奇襲上陸し、日本海軍もハワイのオアフ島真珠湾を奇襲攻撃し、アジア・太平洋戦争の火ぶたが切られた。真珠湾に突入した特殊潜航艇《せんこうてい》戦隊《せんたい》が、特別攻撃隊の嚆矢である。

真珠湾攻撃などによって制海権を握った日本軍は、半年間でアメリカ領のフィリピン、イギリス領のマレー半島、オランダ領東インド（インドネシア）など、東南アジアから南太平洋にかけての広大な地域を占領し、軍政下においた。このような華々しい日本軍の勝利に、日本国民は大いに熱狂する。

ところが、次第に戦況は悪化していった。昭和一七年には、ミッドウェー島沖でアメリカ軍に大敗を期し、主導権はアメリカに移ることになる。その後、アメリカ軍は北上し、サイパン島、フィリピンに達する。このような戦況のなか、陸海軍の航空機や艦艇を使った特別攻撃隊による敵艦船への体当たり作戦がなされることになったのである。

昭和一九年（一九四四）一〇月、海軍の特別攻撃隊は、レイテ沖海戦に投入され、神風特攻隊とも称された。現代からすると、実に非人間的で残酷な作戦であるといえよう。その上、命中率はたとえばフィリピン戦線では二七%、さらには沖縄戦を含む昭和二〇年（一九四五）三月から八月の敗戦まではなんと七・九%という推計がある。[1]それに、命中したからといって撃沈できたわけでは決してない。

さて、特攻隊員は、出撃した場合、敵艦船に体当たりし自爆するのであるから、当然死ぬことになる。結果として、多くの若者が犠牲となった。[2]

特攻隊員のほとんどは、一七歳から二二歳ぐらいの若者であった。特攻隊への入隊は、志願が建前ではあったが、実際には上官の圧力により志願を強制された者も多く

（1）小沢郁郎『つらい真実――虚構の特攻隊神話』同成社、一九八三年。栗原俊雄『特攻――戦争と日本人』（中公新書）中央公論新社、二〇一五年。

（2）特別攻撃隊戦没者名簿は、特攻隊戦没者慰霊平和祈念協会編『特別攻撃隊全史』（特攻隊戦没者慰霊平和祈念協会、二〇〇八年）に掲載されている。犠牲者数については諸説がある。

いた。(3) 死を前提とした出撃をしていくことになる彼らは、自身の死を凝視することになる。特攻隊員は、差し迫る死をどのように捉えたのだろうか。そこで、本章では、アジア・太平洋戦争の戦死者の中でも、特別攻撃隊員の日記や手紙、遺書をもとに、彼らの死の受容や死に際への意識、死後の世界観などについて見ていきたい。

「最後まで、笑っていきます」

特攻隊員の日記や遺書には、一様に、突撃することに迷いはないと強調されている。たとえば、薩摩半島南部にあった陸軍特攻基地の知覧《ちらん》飛行場から昭和二〇年(一九四五)四月一六日に飛び立った陸軍少尉・佐藤新平の日記『留魂録』を見ていきたい。まず、三月二七日、「特別攻撃隊の熱望三度にして」出撃できることになった喜びを綴っている。父母にも喜ぶよう促し、「最後まで操縦桿を握って死ねる有難い死場所を得る事が出来、新平、幸福感で一杯です」と書き綴っている。さらに、三月三一日には「お父さん、お母さん、新平何一つとして思い残る事とてありません。唯《ただ》御国の為に立派に死ねる喜びで一杯なのです」としている。喜び勇んで出撃するとしたためたのは、佐藤新平ばかりではない。五月二九日に同じく知覧から飛び立った陸軍少尉の若尾達夫は、両親宛の遺書に「達夫は最後まで元気で御国の為に喜んで散華していきます」としている。

(3) 前掲註1、栗原俊雄著書では、自分の死に、納得できない苦悩を綴り戦死した隊員の手記も紹介されている。

遺書には、笑って出撃するのだということがしばしば強調されている。海軍中尉・中西達二も、多くの同期らが「皆んなニッコリと笑って元気に私に挨拶して出てゆきました」とした上で、「今度は私がニッコリ笑って元気に出てゆく番です」としている。さらに、海軍少尉の荒木一英は「最後まで、笑っていきます」とし、陸軍大尉高柳隆も「隆は笑つて死んで行つたのです（中略）最後迄《まで》も母上様の子として、私の最期を、心から喜んで下さい」としている。「笑つて死んで行つたのです」という読み手に納得を促すような記述には、自分は喜んで出撃していくので、悲しまないでほしいという願いが込められているようである。

ちなみに、前述の佐藤新平も「日本一の幸福者、新平最後の親孝行に何時もの笑顔で元気で出発致します（中略）こんなに嬉しく出てゆける私は幸福者と思ひます」としている。笑顔で元気で出発することこそが、親孝行であると考えたのだろう。

たしかに、隊員の出撃する前の写真を見ると、いずれも穏やかな笑顔であふれている。この笑顔にはどのような意味が込められていたのだろうか。

笑顔の理由

まず、笑顔の理由には、見送る者への配慮があった。出撃する隊員には、悲しみを残さずに去りたいという気持ちを持つ者が多かったのである。(4) さらに、残される両親

（4）神坂次郎・ひろさちや「対談「往生」を語る」牧達雄『未公開 近世往生人伝——江戸期庶民の信仰と死』四季社、二〇〇四年。

をはじめとする家族への配慮もあったことだろう。[5] これは、佐藤新平少尉が笑顔で元気に出発することが「最後の親孝行」だとしていることから明らかである。数多く残された家族宛の遺書には、自分の死を知っても泣かないでほしいと書かれたものが非常に多い。さらに、出撃前の笑顔は、数時間後に爆死することになる自分を奮い立たせ、自己の死を納得するためでもあったのだろう。

日記や手紙、遺書には、上官の検閲があったはずであるから、必ずしも自分の考えや思いを率直に記すことは叶わず、中には強制的に書かせられた記述もあったことだろう。ただし、このように遺書に「幸福」であると記して

笑顔の特攻隊員たち

（5）多くの遺書からは、訃報を知り悲しむであろう家族への配慮の言葉が書き綴られている。身は滅んでも魂はこの世にあるということや、喜んで突撃するのだということ、さらにはその意義が強調される傾向にある。また、金銭の貸し借りがないことや、女性関係がないことも、遺書の中にしばしば見出すことができる。死後のトラブルを防止するためのものだろう。

笑顔を作り自己を鼓舞せずには、敵艦船に突撃などできるものではない。明るい遺書をしたため、それによって自身の死を納得しようと努めたのかもしれない。

迫りくる死への恐れ

人間にとって、死は恐怖である。隊員にとっても同様である。明確な使命や目的があるとはいえ、死の方法も死のときも決められているのである。特攻隊の世話をしていた知覧高等女学校教諭、帖佐（清藤）潤子が特攻隊員の遺族に宛てた手紙には、隊員の出撃前の様子が記されている。それによると、出撃前の昼食時、「皆食べたくないとか、なんとかいって一口食べたり食べなかったり」という様子であったということである。いくら覚悟をしていても、自身の爆死を目前に、とてもではないが食事など喉を通らなかったのだろう。そうではあっても、出撃前の写真では笑顔を見せる。実際のところは、相当に無理をした笑顔が多かったに違いない。

死の寸前の迎え方

隊員の遺書には、自身の死に際についての言及がしばしば見える。たとえば、海軍中尉の中西達二は次のように両親宛の遺書にしたためている。

私は父上、母上から宗教心を持つ様に言はれましたが、何もこれとて考へませんでした。しかし今別に迷ひません。唯《ただ》後日体当たりをするときに、寸前どんな気持になるかが気にかかります。これも父上母上のいはれる通りにしなかったためだと後悔しています。迷わぬために歌でもうたって体当たりしてやらうと思っています。

中西達二は、出撃に迷いはないものの、爆死の寸前に自身に迷いが生じないかを案じている。もし宗教心があれば、迷いは生じないのかもしれない。中西はそう思ったのだろう。そこで、宗教心がなくても迷いが生じないよう、集中して大声で歌を歌おうとしたのである。中西の不安は、いかにも人間らしいものだといえよう。

海軍二飛曹の佐山一は、両親宛の遺書で、次の歌をうたって敵艦めがけて突入するとしている。

おくれなば梅も桜もおとるべしさきがけてこそ色も香もあれ

おそらく、遅れを取ることなく爆死する意義を心に深く刻みつつ突入したのだろう。あえて歌をうたうとしたのは、やはり中西と同様、敵艦に突っ込むときの迷いを封じ込めようとしたためではないだろうか。

たとえ、どれほどに攻撃隊の任務に誇りを抱き突撃を切望していたとしても、やはりこれからやってくる死の寸前についての不安はつきまとったようである。海軍大尉、飯沼孟も、正式に特攻隊員となり、「もはや何ものも無だ。何も考へるまい。純一無雑で突入しやう」と決心している。考え込んでしまっては、とてもではないが突入などできないと思ったのだろう。そして、「突込む時は、どんなものであらうか？　さつぱりした何とも云へぬ気持だらうと思ふのだが、何となく気にかかる」と率直に不安を吐露しているのである。

死の迎え方はそれぞれであった。海軍少尉の高瀬丁は両親宛の遺書で「父母上様、父母上様よ、お姿を心に秘め御名を心で叫びながら散ります」としているし、海軍大尉、小山精一は両親宛の遺書で、「最後の瞬間迄、御母様の面影を胸深くとどめて戦ひ抜きます」としている。両親の名を叫んだり、その面影を胸にとどめたりして爆死することにより、死への恐怖を拭い去ろうとしたのではないだろうか。また、陸軍少尉、穴沢利夫は、婚約者のマフラーを首に巻き、写真を胸ポケットに入れて出撃した。穴沢についても、同様のことがいえるだろう。(6) 婚約者の物を携え、勇気を振り絞り心の平安を最大限に保ち突撃しようとしたのである。

さらに、突撃の瞬間に念仏を唱えようとした者もいた。陸軍少尉、山下孝之である。

(6) 穴沢利夫については、かなりの分量の手紙、日記、遺書が刊行されている。水口文乃『知覧からの手紙』（新潮文庫新潮社、二〇一〇年）には、穴沢の婚約者が「語り部」として語ったことが記されている。

母親宛の遺書に、次のようにしたためている。

お母さん、お体大切に。私は最後にお母さんが何時《いつ》も言われる御念仏を唱えながら空母に突入します。
南無阿弥陀仏

本書で述べてきたように、源信の『往生要集』の影響のもと、古代より、臨終時には心を乱すことなく集中して十回念仏を唱えれば極楽往生できると考えられていた。近世に編纂された往生伝でも、臨終正念による往生が説かれている。では、山下が空母に突入する時に唱えようとした念仏とは、はたして極楽往生のための念仏だったのだろうか。それとも、母のことを考えながら唱える念仏だったのだろうか。今となっては不明だが、この遺書では母を懐かしく慕う言葉が数多く綴られているので、後者の意味で捉えた方が自然であろう。

前述したように、隊員の遺書からは、彼らが死の寸前に心乱れることなく穏やかでいられるよう願っていたことがわかる。これは、人間としての当然の願いであろう。心が乱れた状態で最後を迎えたい、などと思う人間などいない。ただし、そうではあるものの、隊員の多くは、臨終正念により極楽往生したいと願っていたわけではない。

なぜならば、念仏を唱えて突撃すること自体、遺書にはほとんど見えないのである。前出の山下孝之の遺書は、あくまでも珍しい事例である。

そもそも、古代や中世では、現世への執着の念は、往生の妨げとなると考えられていた。それに対して、しばしば特攻隊の隊員は、母や婚約者のことを思い、その写真や思い出の品とともに突撃していった。要するに、穏やかに死を迎えることは求めても、執着の念を強める物を死に際に持つことを憚りはしなかったのである。これは、特攻隊という特殊な死に直面した者たちだけに当てはまることではない。この時代には、臨終行儀にこだわった者は稀である。すでに臨終行儀への意識は、現代に近いレベルまで薄れていたといえよう。

死後は極楽浄土？　靖国神社？　地獄？

隊員は、日記や遺書で死後の世界についても多く語っている。たとえば、陸軍少尉、佐藤新平は、日記の中で、かつて母と群馬の館林で会ったときの思い出を綴った上で「あの時お母さんと歩いた思い出は、極楽へ行ってからも、楽しいなつかしい思い出となる事でしょう」としている。つまりは、佐藤は死後には極楽浄土へと往生するものだと考えていたことになる。このことは遺書にもみられる。戦死した兄に向けて「極楽の兄弟酒を偲びつつ」としているのである。極楽浄土で亡き兄とともに一緒に過ごすのだ、という想いを抱いていたことになるだろう。

ところが佐藤は、その一方で、日記の中で母に向けて「あの大きな鳥居のあった靖国神社へ今度新平が奉られるのですよ……」とも書いており、死後は靖国神社に祀られるとしている。靖国神社は、東京の九段坂上にあり、幕末のいわゆる国事殉難者や戊辰戦争の官軍、明治以降の戦没者を護国の英霊として合祀する神社である。佐藤は、日記の中に、仙台養成所時代の同期に会い、思い出話に花を咲かせたことを書き、「彼等もまもなく前線出発との事、成功を祈る。同期も大分戦死との事、靖国神社の同期生会に立派な武勇伝の一席、土産に出来る如く努力せむ」としたためている。佐藤は、靖国神社で、生前のように同期とともに楽しく過ごすことができるのだ、という希望をもっていた。

このように、すぐそこに差し迫る死を意識した佐藤の心中には、身は滅んでも、魂は滅びないという強い思いがあった。ただし死後については、極楽往生するのだとも、靖国神社に神として祀られるのだとも考えていたのである。死後の世界については、現代人に通じるような、少々曖昧な捉え方をしていたといえよう(7)。

特攻隊員の中には、楽しい死後の世界を遺書に記す者も少なくない。たとえば、海軍一飛曹、麓岩男は、遺書の中で亡き兄に「兄さん、弟飛童も、今すぐ兄さんの所に参ります故、九段の庭に参りまして、又おもしろく日を送りませう。兄さん、九段に

(7) 現代でも、曖昧な死後の世界観を持つ日本人が多い。しばしばTVなどでも、アナウンサーが有名人の死のニュースの中で、「今頃は天国で…」などとコメントをするさまをよく見かける。葬儀は仏教で行なっているにもかかわらず、キリスト教の概念である天国を持ち出すことは、論理的にはそぐわないが、TV局も多くの視聴者もそれに対してさほどの疑問をもたない傾向にある。

参ります飛童です。兄さんのお傍に座らして下さい」と呼びかけている。死が迫る現実の中、楽しい死後の世界を思い描くことで心に救いを見出していたのだろう。
海軍少佐の富澤幸光も、楽しく明るい死後について遺書に書いた一人であった。

お正月になつたら軍服の前に沢山御馳走をあげて下さい。雑煮餅が一番好きです。ストーブを囲んで幸光の想ひ出話をするのも間近でせう。靖国神社ではまた甲板《かんぱん》士官《しかん》でもして大いに張切る心算です。母上様、幸光の戦死の報を知つても決して泣いてはなりません。靖国で待つてゐます。

「甲板士官」とは、軍艦内の規律などの取り締まりにあたった副長付の海軍兵科士官のことである。つまり、「靖国ではまたビシバシと下士官兵を取り締まるぞ」などという冗談めいた内容を含む遺書となっている。富澤は、このような遺書を書くことにより、家族とともに雑煮餅を食べる様子や自身が靖国神社で活躍するさまを思い浮かべ、楽しい「未来」への希望を見出そうとしたのだろう。
さらには、この明るい遺書からは、訃報を知った家族、とりわけ激しく悲嘆に暮れるに違いない母親をなんとか慰めたいという思いも滲み出ている。それだからこそ富澤は、母に対して「決して泣いてはなりません。靖国で待つてゐます」と呼びかけているのであろう。この不自然なほどに明るい遺書を手にした母は、どのような気持ちだっただろうか。

　ちなみに、靖国神社の神となると考えた場合でも、そのイメージはさまざまであった。たとえば前述したように、佐藤新平や麓岩男、富澤幸光は、生前の人間関係を保ち、同じように振る舞うことができるとするイメージを持っていた。それに対して、海軍一飛曹、嶋村中《あたる》の遺書には、「今春、靖国神社に詣って見て下さい。そこには幾多の戦友と共に、桜花となって微笑んで居ることとでせう」とある。死後には桜の花となる、というイメージを持っていたことになるだろう。

　さらに、極楽浄土での両親との再会を書いた遺書もある。陸軍大尉、込茶章の遺書である。そこには、「御両親様より一足先に極楽に部屋を借りてお待ちして居ます」とある。父母との再会を記すことにより、父母を慰め、自身をも慰めたのだろう。

　数ある遺書の中には、このように極楽浄土への往生や靖国神社での楽しい生活を述べるもののほか、地獄について言及するものもある。

　たとえば、海軍中尉、中西達二の遺書には、「私達三人がドカンとやれば、何千人かの米軍が道づれに地獄まで来てくれるかと思へば実に愉快です」としている。突撃すれば、多くの敵を殺すことになるから、殺生の罪によって地獄に堕ちると考えたのだろうか。ところがこの遺書からは、堕地獄への恐れなどはまったく感じられない。

自分が地獄へ堕ちることへの恐怖よりも、たくさんの米軍の兵士を道連れにできることに喜びを見出していたといえよう。

このように、特攻隊員が抱いた死後のイメージは、さまざまであった。彼らは、極楽浄土にしろ、靖国神社、さらには地獄にしろ、さまざまなイメージを持ちつつも、いずれの世界にも明るく楽しい希望を見出そうとしていた。前述したように、死後への希望を持っていたからこそ、勇気を振り絞り笑顔を作り自爆できたのであろう。あえて遺書で語ることには、自身の死への納得のためであるほか、残される家族への配慮も大いにあったに違いない。死後をまったくの無として捉えたのでは、とてもではないが笑顔を作り自爆などできなかったのだろう。明るい死後の世界を想い描くことには、死に怯える人間の心を救う効果が大いにあるのである。

コラム　薄れゆく臨終行儀への意識

一四世紀から、武士が戦に赴くときには、しばしば僧侶が伴われた。このような僧は、時衆《じしゅう》であることが多く、負傷して死を迎える者に十念《じゅうねん》を授け極楽往生させる役割を担っていた。一六世紀には陣僧《じんそう》と呼ばれるようになる（第九章参照）。

この頃になると、戦に伴われた僧侶の役割には変化が見られる。十念を授け往生させることよりも、敵味方を問わず各陣営に対する使者としての役割の比重が高くなっていくのである（今井雅晴『中世社会と時宗の研究』吉川弘文館、一九八五年。吉田政博「戦国期における陣僧と陣僧役」『戦国史研究』三〇、一九九五年）。戦に伴われた僧侶の役割が変化した理由としては、戦法や戦術の変化もあるだろうが、臨終正念による往生を志すことが当たり前ではなくなってきた点も挙げることができるであろう。中世後期から近世初頭にかけては、他界浄土の観念が縮小し、死後もこの世に留まり続け、子孫の繁栄を見守ることができると考えられるようになるのである。それによって、墓地は死者の定位置だという観念が定着していったのであった（佐藤弘夫『死者のゆくえ』岩田書院、二〇〇八年。佐藤弘夫『ヒトガミ信仰の系譜』岩田書院、二〇一二年。佐藤弘夫『死者の花嫁―葬送と追想の列島史』幻戯書房、二〇一五年)。

もちろん、中世後期でも、臨終時に念仏や法華経の題目を唱えた武士は多くいた。たとえば、天文一二年(一五四三)、北条氏康の上野国笹子の城を攻略したときのことが書かれている『笹子落草紙《ささこおちのそうし》』やその続編と考えられる『中尾落草紙《なかのおちのそうし》』には、念仏や題目を唱えて討死・自害した武士の話が語られている。

ただしその一方で、往生を意識した形跡がない者も多くいた。天下統一を達成したことで知られる豊臣秀吉は、幼い息子秀頼の行く末を案じ、前田利家や徳川家康らに秀頼のことを頼み、誓書を提出させている。死の少し前に五大老(徳川家康、前田利家、毛利輝元、上杉景勝、宇喜多秀家)に宛てて書いた遺言状の中では、秀頼のこと以外には思い残すことはない、とまで言いきっている。自身の死後について不安に思っていた形跡も、死に際に念仏や題目を唱えた形跡もない。秀吉は、この世に残していかねばならない幼く頼りない息子秀頼の今後に、大いに不安と執着を残したまま死んでいったのである。辞世の句にも往生への思いは一切詠まれていない。多くの戦国武将の辞世の句は、秀吉の辞世の句と同様、往生についてはふれられていない。戦国武将の臨終行儀への意識は、中世前期の武士のそれと比べると、随分と薄いといえよう(第一一章参照)。

ただし、臨終行儀は、中世後期以降もなくなりはしなかった。近世になると、庶民に浸透していくようになる。

臨終行儀が重視されなくなっていくのは、近代に入ってからのことである（新村拓「看取りの文化とその歴史」『日本医史学雑誌』四六―三、二〇〇〇年）。その要因としては、明治元年（一八六八）に全国的に広まった廃仏毀釈をあげることができる。政府によって神仏分離令が施行され、敬神廃仏、つまりは廃仏毀釈へ向かうことになったのである。それまでの仏教国教が神道国教となり、伊勢神道を頂点とした神道国教化政策が推進されていくことになった。それにともない、堂塔や伽藍、仏像、仏画などが破却・焼却されていき仏教離れが進み、かつてのようには仏教による看取りも求められなくなっていった。

また、多くの病院が設立され、看取りの場に新たな展開がもたらされるようになったことも、仏教の臨終行儀が必要とされなくなっていく大きな要因の一つだったことだろう。病院で死を迎えるようになり、臨終と仏教が結びつきにくくなっていったのである。

終章　現代人の往生際

囲碁と舞にこだわった増賀聖人

『今昔物語集』では、多武峰《とうのみね》で仏道修行にいそしんだ聖人《しょうにん》として名高い増賀《そうが》（九一七―一〇〇三）の入滅について語られている。その内容は、次のようなものである。

増賀は、甥にあたる春久《しゅんく》や弟子たちに向かって「私が死ぬのは今日だ。ひとつ、碁盤をとってきてくれ」といった。そこで春久らは、碁盤を取り寄せ、その上に仏像でも据えるのだろうかと思った。すると増賀は、抱き起こすように頼んで碁盤に向かい、春久に「碁を一番打とう」と弱々しくいった。春久は、「念仏も唱えなさらず、モノにとりつかれなさったのではないだろうか」と悲しく思ったけれども、相手は恐れ敬っている尊い聖人なので、いわれるままに碁盤に石を互いに一〇ほど置いた。そうしたところ、増賀は「もうこれでよいよい、打つまい」

といって石を押し崩してしまった。春久が「なぜ碁をお打ちになったのですか」と恐る恐る尋ねたところ、増賀は「昔、小坊主だった頃、人が碁を打っているのを見たことがある。今、口に念仏を唱えながら、そのことが心に思い出され『碁を打ちたいものだ』と思ったから打ったのだ」と答えたのだった。碁を打った後、増賀はまたもや、抱き起こすように周囲の者にいう。今度は、泥障《あおり》(1)を持ってきてほしい、と頼んだ。増賀は泥障を自分の首にかけさせ苦痛をこらえながら左右の肘を伸ばし、「古泥障をばまとって舞うよ」といって二、三度ばかり舞った。春久が「なぜ舞を舞ったのですか」と尋ねたところ、増賀は「若い頃、隣の僧坊でたくさんの小坊主たちが笑いながら

「源氏物語図屏風（胡蝶）」（メトロポリタン美術館所蔵）

騒いでいるので覗いてみたのだ。すると、一人の小坊主が泥障を首にかけ、『胡《こ》蝶《ちょう》　胡蝶（2）と人はいうが、古泥障をばまとって舞うよ』と歌いながら舞っており、それを見て『自分もやってみたいものだ』と思ったのだ。しかし、それを長年忘れてしまっていた。それが今、思い出されたので、やってみたいという思いを遂げようと舞ったのだ。もう思い残すことは何もない」といった。その後、増賀は法華経を誦し西に向かって座したまま入滅したのであった。

結局、増賀は浄土の中でも最上位に生まれることができた、とされている。『今昔物語集』では、増賀の入滅のさまを語ったのち、「実際、最後のときに思い出したことは、必ず成し遂げるべきである」と結んでいる。

増賀が最後にやりたいと思ったことは、囲碁と、泥障を首にかけて舞うことであった。最後の願いがこれとは滑稽である。首にかけた泥障は、まるで蝶々の羽のようにパタパタとはためいたことだろう。しかし、このようなふざけた遊びではあっても、望み通りにやり遂げたことにより、満足したのである。そのおかげであろう。増賀は、正念《しょうねん》を保ち往生できた。たとえくだらなく見えることではあっても、かねてからの願いを遂げずに執着を残して死ぬのはよくない。往生を志す者にとって、この世への執着は厳禁である。執着をなくせるかどうかが、往生際の良し悪しにつながるといっ

（1）**泥障**　馬具の一つ。泥が飛び跳ねるのを防ぐために、鞍の下から馬の両脇に掛け垂らす皮革。

（2）**胡蝶**　童舞《わらわまい》の胡蝶楽《こちょうらく》のこと。四人の小童が胡蝶の羽を背につけ舞う。

ても過言ではない。

執着を捨てよう

本書で取り上げた楠木正成《くすのきまさしげ》は、敵への復讐を誓って、あえて十念をせずに自害した、と『太平記』で語られている（第九章参照）。この世に大いに執着を残して死んだことになるものの、復讐を来世の自分に託すことにより、現世での復讐は成し遂げなくてよいことになる。つまりは、来世に希望を見出し、むしろ心穏やかに死ぬことができる道を選択した、ということにもなるだろう。

また、豊臣秀吉は、死の直前まで幼い息子秀頼の将来を案じ、大名から誓書をとっていた。実際のところは、そのようなことをしたところで、ほとんど意味のないことではある（その後の歴史をみると、明らかであろう）。しかし、そうではあっても、秀頼のことを頼まずには、とてもではないが死にきれなかったのだろう。秀吉は、自分の心の平安を求め、最後まで秀頼について、徳川家康をはじめとする有力大名に懇願しつづけたのである。

近代の宮沢賢治はどうだろうか。賢治は、最愛の妹が死ぬときに、父や母もそばにいるということを大声で伝えている（第一三章参照）。古代や中世前期の貴族たちにとっては、ありえないことだろう。臨終時に執着の念がおこることを恐れ、父母や妻、子は、立ち会わないのが理想だったのだから。中世には、息絶えようとする夫の首に、「私をおいて逝かないで!」としつこくしがみつき、結果として往生を妨げてしまった妻についての説話まであるほどである(第七章参照)。

宮沢賢治の時代にはそのような考え方は、決して主流ではなかった。賢治は、父母や自身がそばにいることを必死に妹に伝えることにより、安心して死を迎えられるように、と思ったのかもしれない。大声でそれを告げるかどうかはともかくとして、現代でも、死にゆく者を家族がそばで看取ることは、望ましいとする風潮がある。賢治本人についていては、死の直前、父に妙法蓮華経を千部作るよう、遺言をしている。賢治にとっては、法華経の教えを広めてあらゆるものを救済することが使命であった。とすれば、賢治は、このような遺言をして死後のことを父に託し、生への執着をなくし、安堵しようとしたことになる。

中世後期の頃から他界浄土の観念が薄れはじめ、死後もこの世に居続け子孫を見守り、一族の繁栄を助けることが願われるようになった。次第に他界浄土のリアリティが薄れていく過程で、臨終のあり方にも変化が見られるようになる。近世の庶民には臨終行儀が浸透していくものの、それまで臨終行儀にこだわりをもっていた貴族や武士はかつてほどには意識しなくなっていった(第九・一一・一二章参照)。それにともない、臨終時の執着の意味も異なってくる。

極楽往生を願い『往生要集』を意識して死に臨む場合には、執着を捨て正念を保たなければ往生は叶わなくなってしまう。一方、往生を志さない場合は、臨終正念は必要ない。ただし、時代を問わず、不安を抱えたまま動揺して息絶えたいと思う人間などいない。できることならば、穏やかな気持ちで静かに息を引き取りたいと願うのが自然である。それにあたっては、この世に執着があってはならないのである。増賀も楠木正成、豊臣秀吉、宮沢賢治も、執着を断とうとした目的には違いがあるものの、執着を断つことにより穏やかな気持ちで死を迎えようとした点に関しては共通している。

生への執着を減らすためには

いつの時代も、臨終時における心の安楽が求められてきた。今後もそれは変わらない。往生際をより良いものとするにはどうしたらよいのだろうか。

昭和五六年（一九八一）、聖隷《せいれい》三方原《みかたはら》病院（静岡県浜松市）に日本ではじめてのホスピスができて以来、緩和ケア病棟をもつ病院が次第に増加し、緩和ケアの研究も進められてきている。近年は、一分一秒でも長く生きることを目的とする延命治療ではなく、薬によって苦痛をコントロールして緩和し、精神的にも支えることを目的とする緩和ケアが注目されており、社会的にも大きな意味をもつようになっている。現在の緩和ケア病棟では、最後の時を少しでも快適かつ安楽に過ごせるよう、実に多くの工夫が施されている。たとえば、緩和病棟の中には、幼い子どもの見舞いのみならず、ペットの面会まで許可しているところも多くある。このように、現在、より心穏やかに死を迎えられる環境を整えた施設が充実してきている。緩和ケアが重視されるようになり、このような施設が次第に増加していることは、喜ぶべきことである。

ただし、緩和ケア病棟の数はいまだ決して十分ではなく、誰もが入りたいときに入れるわけではないのが現状である。その上、緩和ケアの患者は、主に悪性腫瘍の患者である。病気の種類によっては、緩和ケア病棟に入るという選択肢がないことも多くある。また、たとえ悪性腫瘍により緩和ケア病棟に入院したからといって、必ず安楽に死を迎えられるのだろうか。そうではないだろう。いくら薬で苦痛をコントロールし快適な場を与えられても、執着が大きければ心穏やかな死を迎えることはできない。快適な死に場所を求めることも大事だが、それだけではなく、健康なうちにやらなければならないこともある。

近年、終活が話題になっており、多くの終活本が出ている。そこには、老後資金や介護、遺言書、相続、葬儀、墓など、事前に準備しておかねばならない事務手続きを中心に分かりやすく示されている。終活本の需要が高まっている理由は、現代社会でいかに死ぬべきかが注目されていることによるのだろう。非婚化、晩婚化、少子化、核家族化などを背景に、二〇四〇年には単身世帯が四〇パーセント近くを占める見込みであり、そのうち約四五パーセントが六五歳以上の高齢者世帯となる試算となっている（国立社会保障・人口問題研究所が二〇一八年に公表）。このような状況のなか、高齢単身者のための終活本も出版されている。終活にあたり、事務手続きは非常に重要である。あらかじめ事務手続きの詳細を知り、準備をしておくだけでも、いざというときに慌てふためかなくてすむ。終活は、執着を減らすのに一役買ってくれることであろう。

ただし、終活の問題点は、いつからはじめればいいのか、ということである。自分の死のときを正確に把握することなどできない。とかく、生への執着から、「死など、随分と先のことだ」と楽観的に考えるものだろう。穏やかな死のためには、終活が大事であるものの、ついその終活を先延ばしにしてしまうということが多いのである。

では、死の時を自分で決めてしまう自殺はどうだろうか。自殺であれば、終活をすることが可能であり、家族に介護の負担もかけずに済み、死の覚悟をすることもできる。しかし、実際には、なかなかそううまくはいかないことは、すでにこれまでの歴史が示してくれている。

たとえば、法然の伝記絵巻『四十八巻伝《しじゅうはちかんでん》』では、自殺をした瞬間に後悔の念が起きることがあると指摘されている（第六章参照）。さらに、中世の仏教説話集『沙石《しゃせき》集《しゅう》』にも、覚悟をして自殺を試みても、その瞬間の苦しみにより生への執着が芽生えてしまうとする説話がある（コラム「臨終行儀は必要？　不要？」参照）。要するに、自殺は、生への執着をなくす良い手段ではないのである。

執着を減らす方法として、他にどのようなことが考えられるだろうか。来世を信じれば、生への執着が減り、結果として安らかな死につながる。なぜならば、死は終わりを意味しなくなるからである。その点で、心に死後の世界を想い描くことには、大いに意義があるといえよう。アジア・太平洋戦争の特別攻撃隊員が、さまざまな死後の世界に思いを馳せたこともうなずける。明るく楽しい死後の世界がなければ、あのような状況の中、とてもではないが救われないだろう（第一四章参照）。

往生のために臨終正念を保とうとすることも、有効な手段の一つである。すべての雑念を振り払い、心穏やかに念仏を唱え、阿弥陀仏や極楽浄土のみを一心に思い凝らせば、死への恐怖はなくなるはずである。臨終正念、ひいては臨終行儀は、先人の知恵そのものなのである。

たしかに、これらにより生への執着を減らすことは可能である。けれども、本書で見てきたように、目に見えない浄土への往生を信じきることは、実際のところ非常に難解である。その上、往生のための臨終正念も決して容易ではない。はたして人間は、生への執着を完全に断ち切ることなどできるのだろうか。たとえ完全に断ち切ろうとしても、ふとした瞬間に心中に揺らぎが生じるのが、一般的であろう。

往生際は悪くていい

『今昔物語集』の増賀のように、思い残したことをやり遂げ、満足して臨終を迎えることができたら、どれほど幸せだろうか。とにもかくにも、『今昔物語集』で語られた増賀の往生際は、すばらしい。しかし、これはあくまでも説話であり、歴史的事実ではない。

生への執着を減らすためには、死後の世界に希望を見出すことが有効である。現代よりも死後の世界がイメージされやすかった前近代は、まだよかった。近代以降になると、宮沢賢治のような者もいたものの、基本的には臨終行儀がなされることは稀となり、死後の世界への希望も薄れていく傾向にある。

現在の日本は、先進的な医療のおかげで超高齢化社会となっている。人生を長く楽しめるようになったのは、大変ありがたいことである。ところが、いくら医療が進歩しても、死は決して避けられない。医療の進歩は、死の訪れを先延ばししているに過ぎないのである。

近年、誰にも看取られずに自宅で亡くなる「孤独死」が増加している。今後さらに増えていく見込みとなっており、社会問題となっている。「孤独死」問題の影には、ひきこもりの増加や核家族化などがある。医療の進歩が進む現代、どんどん寿命は延びていくものの、その一方で往生際をどう迎えるかが非常に難しくなっている。

けれども、振り返ってみれば、往生際良く死ぬことができた人間が、過去にどれほどいたのだろうか。日本の歴史の中には、死への恐怖を超克し、往生際良く死のうと考え実践しようと努めた者や、来世に望みをつなごうと試みた者が多くいた。しかし、多くは悪あがきに終わっている。いくら厚い信仰を持っていても、生に執着せずに、来世に一貫して望みをかけることなどは、実に難解である。宗教離れが進む現代ではなおさらのことである。

結局のところ、人間が生への執着をいだくのはごく自然であり、往生際は悪いのが当たり前なのである。無理矢理に良い往生際を願い求めるのではなく、生への執着を減らす努力を多少はしつつ、人間らしく悪い往生際を受け入れる、というのもよいのではないだろうか。

往生事情年表

時期	往生事情	歴史上の主な出来事
一〇世紀中期	**『日本往生極楽記』に出てくる寛忠僧都の姉の尼某甲、死去**	
九八四（永観二）	『日本往生極楽記』の初稿（慶滋保胤の撰）	
九八五年（寛和元）	『往生要集』（源信の撰）	
九八六（寛和二）	二十五三昧会の結成	
一〇一七（寛仁元年）	**源信（九四二―一〇一七）死去**	
一二世紀前期	『臨終行儀注記』（湛秀の撰）	
一〇二七（万寿四）	**藤原道長（九六六―一〇二七）薨去**	
一〇五二（永承七）		末法に入る
一一〇一（康和三）〜一一一一（天永二）	『続本朝往生伝』（大江匡房の撰）	
一一一一（天永二）〜一一三九（保延五）	『拾遺往生伝』（三善為康の撰）	
一一三四（長承三）	『病中修行記』（中川実範の撰）	
一一三七（保延三）〜一一三九（保延五）	『後拾遺往生伝』（三善為康の撰）	
一一三九（保延五）以降	『三外往生伝』（蓮禅の撰）	
一一五一（仁平元）	『本朝新修往生伝』（藤原宗友の撰）	

一一五六（保元元）		保元の乱
・一一五九（平治元）		・平治の乱
一二世紀中期	『一期大要秘密集』（覚鑁の撰）	
一一八五（文治元）		鎌倉幕府、成立
一一八七（文治三）以降	『高野山往生伝』（如寂）	
一一九二（建久三）	**後白河法皇（一一二七―一一九二）崩御**	
一一九四（建久五）	**由比ヶ浜の漁師（?―一一九四）死去**	
一一九九（建久一〇）	**源頼朝（一一四七―一一九九）薨去**	
一二世紀後期 ～一三世紀初頭	『臨終之用意』（貞慶の撰）	
一二一七（建保五）	『三井往生伝』（昇蓮の撰）	
一二二一（承久三）		承久の乱
一二二九 ～一二三二（寛喜年間）	『念仏名義集』（聖光の撰）	
一二四三（仁治四）	**津戸三郎為守（一一六三―一二四二）死去**	
一二六二（弘長二） ～一二七八（弘安元）	『念仏往生伝』（行仙房の撰）	
一二六三（弘長三）	**北条時頼（一二二七―一二六三）死去**	
一二六八（文永五）頃	**恵信尼（一一八二―一二六八頃）死去**	
一二七四（文永一一） ・一二八一（弘安四）		蒙古襲来（文永の役 ・弘安の役）
一二九七（永仁五）以前	『三国往生伝』（佚書。良季著『普通唱導集』所収）	
一三世紀	『看病用心鈔』（良忠の撰）	

一三三三（元弘三）		鎌倉幕府、滅亡
一三三四（建武元）		建武の新政
一三三六（建武三）	**楠木正成（？―一三三六）死去**	室町幕府、成立
一三四一（暦応四）	『日本往生伝』（了誉の撰。佚書。『蓮門類聚経籍録』より）	
一三九二（明徳三）		南北朝統一
一四六七（応仁元）		応仁の乱
一五二五（大永五）	**中御門宣胤（一四四二―一五二五）薨去**	
一五七三（天正元）		室町幕府、滅亡
一五九〇（天正一八）		豊臣秀吉による天下統一
一六〇〇（慶長五）		関ケ原の戦
一六〇三（慶長八）		江戸幕府、成立
一六一六（元和二）	**徳川家康（一五四二―一六一六）薨去**	
一六五八（明暦四）	『扶桑往生伝』（勇大の撰）	
一六八六（貞享三）	『臨終節要』（慈空の撰）	
一六七三（延宝元）	『扶桑寄帰往生伝』（独湛性瑩の撰）	
一六八五（貞享二）	『女人往生伝』（湛澄の撰）	
一六八八（元禄元）	『緇白往生伝』（了智の撰）	
一六九六（元禄九）	『近世往生伝』（如幻明春の撰）	
一八世紀初頭頃	『千代見草』（日遠の撰と伝えられる）	
一七一一（正徳元）	『新聞顕験往生伝』（珂然の撰）	
一七三六（元文元）	『現証往生伝』（桂鳳の撰）	
一八世紀後期	『成仏示心』（浄空）	
一七八〇（安永九）	『臨終用心』（可円の撰）	

一八〇二（享和二）	『近世見聞南紀念仏往生伝』（隆円の撰）	
一九世紀前期	『永平小清規翼』（黄泉無著の撰）	
一八三〇（文政一三）	『近世念仏往生伝』（隆円の撰）	
一八六五（慶応元）	**『入水往生伝』の尼四人（　—一八六五）死去**	
一八六五（慶応元）・一八六八（慶応四）頃	『専念往生伝』一編・二編（音阿と公空の撰）	
一八六七（慶応三）		江戸幕府滅亡
一八六八（明治元）		廃仏毀釈
一八八二（明治一五）	『吉水正流 古今西方往生記』（亮光の撰）	
一八八九（明治二二）		『大日本帝国憲法』公布
一八九四（明治二七）		日清戦争
一九〇四（明治三七）		日露戦争
一九一四（大正三）		第一次世界大戦、開戦
一九一八（大正七）		第一次世界大戦、終戦
一九三三（昭和八）	**宮沢賢治（一八九六—一九三三）死去**	
一九三九（昭和一四）		第二次世界大戦、開戦
一九四一（昭和一六）～一九四五（昭和四五）	**特別攻撃隊員（　—一九四五）死去**	アジア・太平洋戦争
一九四五（昭和四五）		ポツダム宣言受諾、終戦

※中世には往生伝の編纂が少ないように見える。ただし、中世前期に関しては説話などに多くの往生伝が採録されている。中世は、伝によるのではなく論によって往生が語られ実践された時代であった、とする指摘がある（田嶋一夫『中世往生伝と説話の視界』笠間書院、二〇一五年）。
なお、臨終行儀書は斜体で、本書登場人物は太字で示した。

主要参考文献

新井孝重『楠木正成』吉川弘文館、二〇一一年
アルフォンス・デーケン『よく生き　よく笑い　よき死と出会う』新潮社、二〇〇三年
池見澄隆『中世の精神世界――死と救済』人文書院、一九八五年
石川力山「道元禅と浄土教思想――臨終正念と『悲華経』の引用をめぐって」『印度学仏教学研究』四〇―二、一九九二年
石橋義秀「近世の往生伝――大谷大学図書館所蔵・二十余種」『大谷大学文藝論叢』八、一九七七年
市川浩史『吾妻鏡の思想史――北条時頼を読む』吉川弘文館、二〇〇二年
今井雅晴『中世社会と時宗の研究』吉川弘文館、一九八五年
今井雅晴『中世を生きた日本人』学生社、一九九二年
今井雅晴『捨聖一遍』吉川弘文館、一九九九年
上野勝之『夢とモノノケの精神史――平安貴族の信仰世界』京都大学学術出版会、二〇一三年
梅津一朗『楠木正成と悪党――南北朝時代を読みなおす』（ちくま新書）筑摩書房、一九

九九年
上横手雅敬「源頼朝の宗教政策」同編『中世の寺社と信仰』吉川弘文館、二〇〇一年
遠藤基郎『後白河上皇』山川出版社、二〇一一年
大森北義「『太平記』の文学と楠正成」『軍記と語り物』五一、二〇一五年
大山眞一「中世隠遁者の生死観(2)——現世的生死観から普遍的生死観へ」『日本大学大学院総合社会情報研究科紀要』八、二〇〇七年
小原仁『源信——往生極楽の教行は濁世末代の目足』ミネルヴァ書房、二〇〇六年
小原仁『慶滋保胤』(人物叢書)吉川弘文館、二〇一六年
笠原一男編『近世往生伝の世界——政治権力と宗教と民衆』教育社、一九七八年
笠谷和比古『徳川家康』ミネルヴァ書房、二〇一六年
梶村昇『津戸三郎為守——法然上人をめぐる関東武者3』東方出版、二〇〇〇年
柏木哲夫『いのちに寄り添う。——ホスピス・緩和ケアの実際』KKベストセラーズ、二〇〇八年
鎌田純一「源頼朝の信仰」『皇学館論叢』一—六、一九六九年
神居文彰・田宮仁・長谷川匡俊・藤原明子『臨終行儀——日本的ターミナル・ケアの原点』渓水社、一九九三年
苅米一志『殺生と往生のあいだ——中世仏教と民衆生活』吉川弘文館、二〇一五年
河内将芳「天下人の「死」とその儀礼——信長・秀吉・家康の比較の視点から」『織豊期

研究』五、二〇〇三年
岸田緑渓『臨終行儀の歴史――高僧往生伝』湘南社、二〇一七年
工藤哲夫「トシの臨終と日蓮遺文」『叙説』二四、一九九七年
栗原俊雄『特攻――戦争と日本人』（中公新書）中央公論新社、二〇一五年
恋田知子「陽明文庫蔵「道具類」の紹介（十五）貞慶撰『〔臨終用意事〕』翻刻・略解題」『三田国文』五九、二〇一四年
古代学協会編『後白河院――動乱期の天皇』吉川弘文館、一九九三年
小山聡子『護法童子信仰の研究』自照社出版、二〇〇三年
小山聡子『親鸞の信仰と呪術――病気治療と臨終行儀』吉川弘文館、二〇一三年
小山聡子『浄土真宗とは何か――親鸞の教えとその系譜』（中公新書）中央公論新社、二〇一七年
小山聡子「幽霊ではなかった幽霊――古代・中世の実像」小山聡子・松本健太郎編『幽霊の歴史文化学』思文閣出版、二〇一九年
齊藤雅恵『密教における臨終行儀の展開』ノンブル社、二〇〇八年
佐々木馨『生と死の日本思想――現代の死生観と中世仏教の思想』トランスビュー、二〇〇二年
笹田教彰「臨命終時考――十二巻本『正法眼蔵』の構想をめぐって」『佛教大学仏教学部論集』九八、二〇一四年

佐藤弘夫『死者のゆくえ』岩田書院、二〇〇八年
佐藤弘夫『ヒトガミ信仰の系譜』岩田書院、二〇一二年
佐藤弘夫『死者の花嫁――葬送と追想の列島史』幻戯書房、二〇一五年
サンドラ・レイガン、イレーヌ・ウィッテンバーグ＝ライルス、ジョイ・ゴールドスミス、サンドラ・サンチェス＝ライリー、改田明子訳『緩和ケアのコミュニケーション――希望のナラティヴを求めて』新曜社、二〇一三年
島薗進『日本人の死生観を読む――明治武士道から「おくりびと」へ』朝日新聞出版、二〇一二年
清水海隆「日蓮系臨終行儀思想の系譜について」『人間の福祉』一六、二〇〇四年
清水真澄「阿弥陀勝長寿院の建立について」『金澤文庫研究』一八―六、一九七二年
下崎結「後白河院の今様往生思想について――後白河院の信仰圏をめぐって」『東洋大学大学院紀要』二九、一九九三年
新村拓『死と病と看護の社会史』法政大学出版局、一九八九年
新村拓「看取りの文化とその歴史」『日本医史学雑誌』四六―三、二〇〇〇年
菅野扶美「後白河院の信仰と三井寺」『東横国文学』三〇、一九九九年
杉浦静「賢治文学における死のイメージと〈臨終正念〉」『近代文学論』七、一九七六年
杉田暉道・藤原壽則『今なぜ仏教医学か』思文閣出版、二〇〇四年
曽根原理『徳川家康神格化への道――中世天台思想の展開』吉川弘文館、一九九六年

曽根原理『神君家康の誕生——東照宮と権現様』吉川弘文館、二〇〇八年
平雅行「将軍九条頼経時代の鎌倉の山門僧」薗田香融編『日本仏教の史的展開』塙書房、一九九九年
平雅行「鎌倉における顕密仏教の展開」伊藤唯真編『日本仏教の形成と展開』法蔵館、二〇〇二年
平雅行「鎌倉寺門派の成立と展開」『大阪大学大学院文学研究科紀要』四九、二〇〇九年
平雅行「鎌倉の顕密仏教と幕府」『京都女子大学 宗教・文化研究所研究紀要』二六、二〇一三年
高橋慎一朗『北条時頼』（人物叢書）吉川弘文館、二〇一三年
高橋慎一朗「北条時頼と蘭渓道隆」『禅文化』二二八、二〇一三年
田嶋一夫『中世往生伝と説話の視界』笠間書院、二〇一五年
谷垣伊太雄「将軍尊氏の上洛と楠正成の死——『太平記』巻十六の構成と展開」『樟蔭国文学』三五、一九九八年
谷垣伊太雄「『太平記』における楠氏をめぐって——正行・正儀を中心に」長谷川端編『論集 太平記の時代』新典社、二〇一四年
谷山俊英『中世往生伝の形成と法然浄土教団』勉誠出版、二〇一二年
圭室文雄「近世往生伝に見る二、三の問題」『明治大学教養論集』二〇二、一九八七年
千葉一幹『宮沢賢治』ミネルヴァ書房、二〇一四年

寺尾英智「臨終行儀の作法を読む」同『日蓮信仰の歴史を探る』山喜房佛書林、二〇一六年
寺林峻『往生の書――来世に魅せられた人たち』（ＮＨＫブックス）日本放送出版協会、二〇〇五年
特攻隊戦没者慰霊平和祈念協会編『特別攻撃隊全史』特攻隊戦没者慰霊平和祈念協会、二〇〇八年
苫米地誠一『平安期真言密教の研究――平安期の真言教学と密教浄土教』ノンブル社、二〇〇八年
冨島義幸「平安時代の阿弥陀信仰と密教」『日本宗教文化史研究』二一―二、二〇一七年
中村孝也『徳川家康公伝』東照宮社務所、一九六五年
西村謙司『臨終の住まいの建築論』中央公論美術出版、二〇〇九年
橋本雄「北条得宗家の禅宗信仰をめぐって――時頼・時宗を中心に」西山美香編『アジア遊学一四二　古代中世日本の内なる「禅」』勉誠出版、二〇一一年
橋本義彦『藤原頼長』（人物叢書）吉川弘文館、一九八八年
長谷川匡俊「江戸時代の「臨終行儀」史料の紹介と若干の考察」『淑徳大学大学院研究紀要』一、一九九二年
長谷川匡俊『念仏者の福祉思想と実践――近世から現代にいたる浄土宗僧の系譜』法蔵館、二〇一一年

速水侑『源信』（人物叢書）吉川弘文館、一九八八年
速水侑「鎌倉政権と台密修法——忠快・隆弁を中心として」安田元久先生退任記念論集刊行委員会編『中世日本の諸相』下、吉川弘文館、一九八九年
速水侑『地獄と極楽——『往生要集』と貴族社会』吉川弘文館、一九九八年
原勝洋編『鎮魂 特別攻撃隊の遺書』KKベストセラーズ、二〇〇七年
平林盛得『慶滋保胤と浄土思想吉川弘文館、二〇〇一年
朴澤直秀『近世仏教の制度と情報』吉川弘文館、二〇一五年
堀江宗正「死と看取りの宗教心理——自己の死と他者の死のつながり」清水哲郎・会田薫子編『医療・介護のための死生学入門』東京大学出版会、二〇一七年
堀江宗正「現代の若者が考える死後の世界」『大法輪』八五—一〇、二〇一八年
堀大慈「二十五三昧会と霊山院釈迦講」『日本名僧論集四 源信』吉川弘文館、一九八三年
牧達雄『未公開 近世往生人伝——江戸期庶民の信仰と死』四季社、二〇〇四年
真継不二夫編『海軍特別攻撃隊の遺書』KKベストセラーズ、一九七一年
美川圭『後白河天皇——日本第一の大天狗』ミネルヴァ書房、二〇一五年
水口文乃『知覧からの手紙』（新潮文庫）新潮社、二〇一〇年
壬生台舜『いかに死を捉えるか』大蔵出版、一九八五年
三宅守常「中世の臨終行儀と明恵」『大倉山論集』四四、一九九九年
宮沢清六他編『新校本宮澤賢治全集一六（下）補遺・資料 年譜篇』筑摩書房、二〇〇一

年
村永薫編『知覧特別攻撃隊——写真・遺書・日記・手紙・記録・名簿』ジャプラン、一九八九年
森岡清美『若き特攻隊員と太平洋戦争——その手記と群像』吉川弘文館、二〇一一年
安田元久『後白河上皇』（人物叢書）吉川弘文館、一九六六年
山田雄司『跋扈する怨霊』吉川弘文館、二〇〇七年
山田雄司『怨霊・怪異・伊勢神宮』思文閣出版、二〇一四年
山中裕『藤原道長』（人物叢書）吉川弘文館、二〇〇八年
吉田政博「戦国期における陣僧と陣僧役」『戦国史研究』三〇、一九九五年
吉田裕『日本軍兵士——アジア・太平洋戦争の現実』（中公新書）中央公論新社、二〇一七年
吉原浩人『東洋における死の思想』春秋社、二〇〇六年
渡邊寶陽『宮澤賢治と法華経宇宙』大法輪閣、二〇一六年

おわりに

本書では、『日本往生極楽記』の尼から、アジア・太平洋戦争の特別攻撃隊までの往生際について取りあげた。どの時代に生きる人間にとっても、いかに死を迎えるべきかは重大な課題である。苦しみもなく安楽な境地のままこの世を去りたい。このような願いは万人が持つことだろう。本書で取り上げた歴史上の人物たちの多くも、安楽な境地で死を迎えるべく、さまざまな工夫を施した上で死に臨んでいる。しかし、安楽な境地で死を迎えるなどということは、そう容易くはない。

たしかに昨今、医療の発達のおかげで、身体的な苦痛を軽減して死を迎えることができるようになってきた。これは大変ありがたいことである。ただし、身体的な苦痛を抑えられたからといって、必ずしも心に安楽がもたらされるわけではない。医療の発達のみをもってして、安楽な境地を得ることなどできないのである。そもそも、未練や執着を感じることなく死を迎えようと努力すること自体に無理がある。大多数の人間の往生際は悪い。考えようによっては、生への未練を感じられること自体、幸せなことではないか。なぜならば、「もっと生きていたい」と思える人生だったということだからである。そろそろ人間らしい往生際の悪さを容認するような時代が来てもいいのではないだろうか。そのような考えから、本書を執筆した。

現在の私は、近年の平均寿命から推測すると、おおよそ人生の折り返し地点にいる。幸いなことに、今のところ健康であり、日常的に自分の死を意識することもない。そのような私にとって、まだ死はどこか他人事である。往生際は悪くていいというのは、歴史上の人物の往生際に関する事例を調べた上で、人生の折り返し地点に立つ私が出した結論である。

往生際は悪くていいと考えるのは、自身の死を真剣に凝視していないからだろうか。三〇年後、もしくは四〇年後の私は、死をどのように捉えているだろうか。もしかしたら、未練がましく往生際の良さにこだわり、あらゆる終活本を読み漁って、生への執着を捨てるためのさまざまな努力に膨大な時間を費やしているかもしれない。まさしく、往生際の良さへの強いこだわり自体が、本当の意味で往生際が悪い、ということになるのだろう。とにもかくにも、高齢者と呼ばれるようになる頃に、またこの本を開いて自己を省みたいと思う。あるいは、その頃に『続・往生際の日本史』を執筆してみるのもいいかもしれない。一体、どのような本になるだろうか。

本書の執筆にあたっては、多くの方々にお世話になった。大学・大学院時代の恩師である今井雅晴先生（筑波大学名誉教授）には、大学院を修了して一五年経過した今でも、研究の相談にのっていただいている。このテーマで一般向けの書籍を出すことについても、背中を押していただいた。

また、本書第一二章「みんなで一緒に入水往生」は、今年のゴールデンウィークに稲垣泰一先生（筑波大学名誉教授）のご自宅に、小井土守敏氏（大妻女子大学教授）と船城梓氏（常磐短期大学准教授）と一緒に伺ったときに貸していただいた近世の版本『入水往生伝』をもとに書いた。『入水往生伝』は、かつて稲垣先生がお買い求めになられた大量の版本のなかの一つである。稲垣先生や小井土氏、船城氏との『入水往生伝』をめぐる刺激的な会話のなかで、本書に『入水往生伝』に関する一章を組み込むことを決めた。あのときに稲垣先生のご自宅に伺っていなければ、第一二章はない。

今年度は、勤務先の二松学舎大学で国内特別研究員となっている。大正大学綜合仏教研究所に受け入れ研究機関となっていただいた。とりわけ、綜合仏教研究所所長の野口圭也先生（大正大学教授）、大学院時代の先輩の佐々木倫朗氏（大正大学教授）には大変お世話になった。また、本書の執筆にあたり、大正大学の充実した図書館にも大いに助けていただいた。

本書の完成は、当初の予定よりも遅れてしまった。これまで手元に集めておいた史料を使えば、わりと簡単に書けるだろうと安易に考えたのは、大いなる誤算であった。その上、書き終わった原稿も、なかなか手放せなかった。往生際の悪い私に、「往生際は悪くていいです」と辛抱強く付き合ってくださった春秋社の楊木希氏にも御礼申し上げる。

二〇一八年一二月九日

小山　聡子

小山　聡子（こやま　さとこ）
1976年、茨城県に生まれる。98年、筑波大学第二学群日本語・日本文化学類卒業、2003年、同大学大学院博士課程歴史・人類学研究科修了。博士（学術）。現在、二松学舎大学文学部教授。専門は日本宗教史。著書に『護法童子信仰の研究』（自照社出版、2003年）、『親鸞の信仰と呪術――病気治療と臨終行儀』（吉川弘文館、2013年）、『浄土真宗とは何か――親鸞の教えとその系譜』（中公新書　中央公論新社、2017年）ほか。

往生際の日本史——人はいかに死を迎えてきたのか

2019年 1月20日　初版第1刷発行

著　者　　小山　聡子
発行者　　澤畑　吉和
発行所　　株式会社春秋社
〒101-0021
東京都千代田区外神田2-18-6
電話　(03)3255-9611(営業)　(03)3255-9614(編集)
振替　00180-6-24861
http://www.shunjusha.co.jp/
印刷所　　萩原印刷株式会社
装丁・イラスト　河村　誠

ISBN 978-4-393-13427-6　C0015　　定価はカバー等に表示してあります。